# 全国农村集体资产监督管理平台
# 规范操作手册

农业农村部政策与改革司
农业农村部大数据发展中心　编著

中国农业出版社
北　京

## 图书在版编目（CIP）数据

全国农村集体资产监督管理平台规范操作手册 / 农业农村部政策与改革司，农业农村部大数据发展中心编著. —北京：中国农业出版社，2024.3

ISBN 978-7-109-31958-5

Ⅰ.①全… Ⅱ.①农… ②农… Ⅲ.①农村—集体资产管理—监管制度—技术规范—中国—手册 Ⅳ.①F323.9-65

中国国家版本馆 CIP 数据核字（2024）第 098722 号

全国农村集体资产监督管理平台规范操作手册
QUANGUO NONGCUN JITI ZICHAN JIANDU GUANLI PINGTAI GUIFAN CAOZUO SHOUCE

中国农业出版社出版

地址：北京市朝阳区麦子店街 18 号楼
邮编：100125
责任编辑：卫晋津
版式设计：小荷博睿　责任校对：吴丽婷
印刷：北京印刷集团有限责任公司
版次：2024 年 3 月第 1 版
印次：2024 年 3 月北京第 1 次印刷
发行：新华书店北京发行所
开本：700mm×1000mm　1/16
印张：12.75
字数：215 千字
定价：48.00 元

# 前言

## FOREWORD

2013 年以来，中央一号文件多次明确要求强化农村集体资产管理，健全完善各项制度，推进农村集体资产监督管理平台建设。2016 年《中共中央　国务院关于稳步推进农村集体产权制度改革的意见》明确提出，"加快农村集体资产监督管理平台建设，推动农村集体资产财务管理制度化、规范化、信息化"。国家发展改革委、财政部、农业农村部等相关部门落实中央决策部署，将全国农村集体资产监督管理平台建设列入国家《数字农业农村发展规划（2019—2025 年）》。建设全国农村集体资产监督管理平台是推进农村集体产权制度改革的重要内容，也是维护农民合法权益、增加农民财产性收入的重大举措。

2016 年以来，各部门联合印发了有关开展农村集体资产清产核资工作、农村集体经济组织登记赋码工作的通知，为确保 3 年完成全国农村集体资产清产核资任务、完成农村集体产权制度改革的单位能够及时获得农村集体经济组织登记证书，农业农村部优先研发了清产核资管理和登记赋码管理两个子系统，并于 2018 年 11 月上线试运行。2019 年以来，农业农村部相继批复全国农村集体资产监督管理平台可行性研究报告、初步设计和概算，农业农村部政策与改革司委托农业农村部大数据发展中心开展平台项目建设。2021 年 8 月，全国农村集体资产监督管理平台正式上线试运行。

2023 年，根据财政部印发的《农村集体经济组织会计制度》内容要求，全国农村集体资产财务管理系统进行了优化升级，科目设置、功能流程更加契合新制度规范。全国农村集体资产监督管理平台是巩固农村集体产权制度改革成果、加强农村集体经济组织成员管理、规范财务会计管理、管好用好农村集体资产、促进集体经济发展的公共服务平台。平台包括全国农村集体产权管理系统、全国农村集体资产清产核资管理系统、全国农村集体资产财务管理系统、全国农村集体经济组织登记赋码管理系统、全国农村集体资产监督管理数据服务系统、全国农村集体经济组织信用信息系统6个业务子系统，记录了农村集体产权制度改革过程中，有关农村集体经济组织的基本信息、成员信息、资金资产资源等改革成果；实现数据系统间推送、操作更加便捷；开发大数据集成功能和公共服务门户，实现平台内部各系统统一门户、统一登录、统一角色；建立了标准的数据对接体系和对外接口，实现省级平台与全国平台数据互联互通，为巩固和提升农村集体产权制度改革成果提供技术支撑和有效服务。

为了帮助各级农村集体资产管理人员、广大农村集体经济组织会计人员和业务工作人员更好地学习、理解和掌握全国农村集体资产监督管理平台操作，方便日常工作，农业农村部政策与改革司和农业农村部大数据发展中心组织编写了本手册，王宾、杨霞、高辉、崔琳、李沣恒等同志指导本手册编写，提出专业性的意见和建议。经多次、反复讨论与修改，本书最终形成九章三十三节。参加本书编写的人员有郭琳、项程程、李晓辰、翟光辉、张宇洁、尹晓晔、郭逸鑫、李亚静、谭希敏、周静等同志。

本书系统介绍了产权管理、清产核资、财务管理、登记赋码等业务系统的基础操作，详细讲解了农村集体经济组织填报数据的内容、方式和各级农业农村业务主管部门审核数据、查询数据的操作流程，并配有相应的截图展示，具有较强的实操性，是指导和培训农村集体经济组织会计、出纳等会计人员及资产清查填报、成员录入等工作人员，以及乡镇业务管理部门、县级以上农业农村管理部门业务工作人员学习使用全国农村集体资产监督管理平台的重要辅导材料。

　　由于农村集体资产监督管理及其信息化工作政策性强、涉及面广、各地情况不一，以及编写人员水平有限，难免有疏漏和不当之处。本书内容若有与现行法律法规、政策文件和技术标准不符之处，应以现行法律法规、政策文件和技术标准等规范性文本为准，也非常欢迎读者指出本手册的不当之处或提出建设性意见。

编著者

2024 年 1 月

# 目 录

CONTENTS

# 第一章

# 全国农村集体资产监督管理平台概述

# 第一节　建设背景

建设全国农村集体资产监督管理平台是推进农村集体产权制度改革的重要内容，也是维护农民合法权益、增加农民财产性收入的重大举措。2013年以来，中央一号文件多次明确要求强化农村集体资产管理，健全完善各项制度，推进农村集体资产监督管理平台建设。2016年《中共中央　国务院关于稳步推进农村集体产权制度改革的意见》（中发〔2016〕37号）明确提出："加快农村集体资产监督管理平台建设，推动农村集体资产财务管理制度化、规范化、信息化"。国家发展改革委、财政部、农业农村部等相关部门落实中央决策部署，将全国农村集体资产监督管理平台建设列入国家《数字农业农村发展规划（2019—2025年）》。

2017年《农业部　财政部　国土资源部　水利部　国家林业局　教育部　文化部　国家卫生计生委　体育总局关于全面开展农村集体资产清产核资工作的通知》（农经发〔2017〕11号）要求，全面开展农村集体资产清查，且以后每年末开展一次资产清查，实现农村集体经济组织的资源性资产、经营性资产、非经营性资产的信息化管理。2018年《农业农村部　中国人民银行　国家市场监督管理总局关于开展农村集体经济组织登记赋码工作的通知》（农经发〔2018〕4号）要求，农村集体产权制度改革后成立的新型农村集体经济组织，要及时到登记赋码管理部门办理相关登记赋码手续，获得统一社会信用代码。为确保3年完成全国农村集体资产清产核资任务、农村集体产权制度改革完成的村能够及时领到登记证书，农业农村部优先研发了清产核资管理和登记赋码管理2个子系统，并于2018年11月上线试运行。

2019年以来，农业农村部相继批复全国农村集体资产监督管理平台可行性研究报告、初步设计和概算。2021年4月，中央农办、农业农村部等10部门联合印发《关于扎实做好当前重点工作如期完成农村集体产权制度改革阶段性任务的通知》（中农发〔2021〕9号），要求各地要建立农村集体经济组织成员登记备案制度，健全农村集体经济组织成员名册，完善成员姓名、性别等信息，并按要求及时汇交农业农村部。2021年8月，全国农村集体资产监督管理平台上线试运行。2023 年，财政部印发《农村集体经济组织会计制度》（财会〔2023〕14 号）。根据新版制度的要求，优化升级了全国农村集体资产财务管理系统。

全国农村集体资产监督管理平台是巩固农村集体产权制度改革成果，加强农村集体经济组织成员管理，规范财务会计管理，管好用好农村集体资产，促进集体经济发展的公共服务平台。该平台按照大集中、大管理、大服务的建设思路，综合利用大数据、移动互联、区块链、GIS、云服务等现代信息技术，建设国家统一部署、多级多方使用的统一监管平台，实现农村集体资产监管业务的全覆盖。平台由农业农村部统一研发部署，为部、省、市、县、乡镇农业农村业务管理部门，以及农村集体经济组织及其成员使用。平台包括全国农村集体产权管理系统、全国农村集体资产清产核资管理系统、全国农村集体资产财务管理系统、全国农村集体经济组织登记赋码管理系统、全国农村集体经济组织信用信息系统、全国农村集体资产监督管理数据服务系统 6 个业务子系统，记录了农村集体产权制度改革过程中，有关农村集体经济组织的基本信息、成员信息、资金资产资源等改革成果，以此作为巩固农村集体产权制度改革成果、保障集体成员合法权益、促进新型农村集体经济发展的重要手段。利用全国农村集体资产监督管理平台开展改革成果汇集和治理分析，能够提高基层工作效率，规范集体资产财务管理，全流程联动相关数据，实时预警和为宏观决策提供数字化支撑。

# 第二节　平台构成

全国农村集体资产监督管理平台包括 1 个公共服务门户、6 个业务子系统和 1 个移动端。具体内容如下。

## 一、公共服务门户

公共服务门户作为全国农村集体资产监督管理平台的入口，是平台的首页，包括任务通知、公告通知、操作下载、系统入口 4 个部分。系统入口显示了 6 个业务子系统，其中产权管理、清产核资、财务管理 3 个系统主要供农村集体经济组织使用和各级农业农村部门查询；登记赋码、数据服务和信用信息主要是供各级农业农村部门使用。6 个业务系统具有较强的数据关联关系，以登记赋码管理系统中的农村集体经济组织为核心，清产核资管理系统中是组织的资金、资产、资源信息，产权管理系统中是组织的成员、持有份额（股份）人员等信息，财务管理系统中是组织进行每日的财务会计核算，信用信息系统是通过内在模型算法对组织进行画像评级，数据服务系统是综合其他业务系统数据开展农村集体经济组织画像和数据综合分析。

## 二、全国农村集体产权管理系统

全国农村集体产权管理系统（以下简称产权管理系统）记录了农村集体产权制度改革的流程数据，通过设置组织管理、成员管理、份额（股份）管理、收益分配管理、产改分析等功能，实现对农村集体经济组织的前期资料、成员、份额（股份）、收益分配等信息的填报、管理、备案、查询、评估等业务的全流程支撑。通过建立和完善前期资料管理制度，规范农村集体经济组织的前期资料活动，建立健全农村集体经济组织成员管理流程，规范农村集体经济组织成员的新增和退出变动等。通过产权管理系统的建设，实现农村集体产权管理的规范化和信息化，从而提高农村集体经济组织的产权管理水平和运行效率。

## 三、全国农村集体资产清产核资管理系统

全国农村集体资产清产核资管理系统（以下简称清产核资管理系统）包括农村集体资产清查模块和农村政策与改革统计年报模块，记录了农村集体资产清查数据和农村政策与改革统计年报数据，提供报表数据填报、审核和查询功能；依靠完善的数据逻辑验证和公式校验功能，辅助各级农业农村业务管理部门用户排查数据问题；支持协同工作管理，并实时反映数据填报工作进度；通过对明细数审核、汇总数校验进行层层把关，增强数据的可靠性和真实性，实现农村集体资产数据的信息化管理。

## 四、全国农村集体资产财务管理系统

全国农村集体资产财务管理系统（以下简称财务管理系统）通过建立资产管理、合同管理、财务管理、资金管理、审批管理等模块，实现对农村集体资金、资产、资源的全流程一体化管理、监督、监控和分析；通过建立健全重大

事项审批流程，规范农村集体经济组织重大经济交易事项的审批；通过对农村集体经济组织经营活动及财务管理的全方位记录，实现农村集体经济组织财务情况的全面管理和监督；通过建立和健全资产、合同管理电子台账，实现对资产租赁等经济业务行为所签订的合同进行管理，规范过程管理。财务管理系统中指标数据在平台中具有全生命周期，日常记账的明细数据在年底可以生成资产清查以及统计年报的部分指标数据；如果年底有成员分红，年末收益也可以和产权管理系统进行关联。持续使用财务管理系统可以不断提高平台数据质量，提升农村集体经济组织财务管理水平。

### 五、全国农村集体经济组织登记赋码管理系统

全国农村集体经济组织登记赋码管理系统（以下简称登记赋码管理系统）主要辅助各级农业农村业务管理部门为农村集体经济组织办理登记、赋码、打证等业务，按照《农业农村部 中国人民银行 国家市场监督管理总局关于开展农村集体经济组织登记赋码工作的通知》的要求，为完成农村集体产权制度改革的农村集体经济组织赋统一社会信用代码，使得农村集体经济组织具备特殊法人地位，能够规范开展经营业务。

### 六、全国农村集体经济组织信用信息系统

全国农村集体经济组织信用信息系统（以下简称信用信息系统）综合农村集体经济组织的资质、产权改革情况（成员、收益分配等）、组织运行情况（收益、负债）等多个维度信息，创建模型算法，对海量农村集体经济组织业务数据进行综合分析和挖掘，建立农村集体经济组织的信息档案，为农村集体经济组织赋能，助力集体经济组织发展壮大。

### 七、全国农村集体资产监督管理数据服务系统

全国农村集体资产监督管理数据服务系统（以下简称数据服务系统）以大数据分析组件为基础，建立全国农村集体经济组织相关数据的处理、分析、应用等全流程大数据服务。支持对产权管理、清产核资、登记赋码、资产财务、信用信息等各业务系统的数据进行自定义分析；支持通过空间和时间等不同维度数据指标的变化、增长、占比、趋势、同比、分类等统计和分析；支持通过数据表、GIS一张图和BI可视化等多种方式进行数据展示。通过建立数据服

务系统，打造农村集体经济大数据的创新业务模式，提升农村集体资产管理信息化水平和决策支持的科学性。

### 八、移动端

全国农村集体资产监督管理平台移动端包括 App 和微信小程序，主要为各级管理员提供信息查询服务、为成员提供权益查询服务。用户角色分为管理员和农村集体经济组织成员两类。管理员角色主要为部、省、市、县、乡镇、农村集体经济组织业务管理员，可对农村集体产权制度改革成果数据、农村集体经济组织信息、成员信息、资产信息进行查询。农村集体经济组织成员角色主要为乡镇级、村级、组级农村集体经济组织成员，可查询自身成员权益和所在集体经济组织基本信息。

## 第三节　建设目的和意义

**建设全国农村集体资产监督管理平台是巩固农村集体产权制度改革成果、提供科学决策依据的重要手段。**全面推进乡村振兴迫切需要大数据支撑助力。2016 年以来，农业农村部贯彻落实党中央、国务院关于稳步推进农村集体产权制度改革的决策部署，先后组织开展了 5 批改革试点，完成了全国农村集体资产清产核资、经营性资产股份合作制改革两项硬任务，清查了资产、确认了成员、建立了组织，汇集了 9 亿农村集体经济组织成员、96 万个农村集体经济组织的报表及各类资产信息等数据资料。经过多方专家论证和广泛的基层调研，相关部门决定开展全国农村集体资产监督管理平台建设，利用信息化手段将集体资产、成员、组织信息进行分类登记、在线办理和规范汇集，全面梳理各数据间的逻辑关系，实时监测农村集体经济组织运行状况，为科学决策和工作部署提供有效调度分析手段。

**建设全国农村集体资产监督管理平台是加强集体资产管理、防止小官巨贪的关键举措。**当前，一些地方仍存在集体资产管理不规范、监督不到位、核算不准确、分配不公开的突出问题，集体资产被挪用、侵占、贪污等现象时有发生，农民群众对发生在身边的腐败现象反映强烈。建设全国农村集体资产监督管理平台，采取"互联网＋云平台"的形式，将农村集体资产、会计报表、财务账目等信息数据加密后在互联网上在线办理业务，简化了群众的办事流程；会计核算、财务收支、经济合同等通过手机客户端审批和向全体成员公开，实现了公正透明，落实了群众监督。各级政府可以通过平台对区域内集体经济组织运行情况、财务收支等情况进行实时调度和在线监管，大大加强了对集体及其成员权益的保护，有效遏制了农村"小官巨贪""微腐败"等问题，显著增强了农村基层党组织的凝聚力和向心力，做到政府监管有依据、基层治理有手段、百姓心中有数据，为健全自治、法治、德治相结合的乡村治理体系提供了有力支撑。

**建设全国农村集体资产监督管理平台是促进集体经济发展、增加农民收入的有力保障。**习近平总书记指出，"民族要复兴，乡村必振兴"。组织振兴、乡村产业振兴是乡村振兴的重要组成部分。农村集体资产是亿万农民长期辛勤劳动、不断积累的宝贵财富，是发展农村经济和实现共同富裕的重要物质基础。完成农村集体产权制度改革后成立的农村集体经济组织是发展新型集体经济、增加农民收入的重要载体，建设全国农村集体资产监督管理平台，对农村集体经济组织进行登记赋码，发放《农村集体经济组织登记证》，把农村集体经济组织"特别法人"地位落到实处，有利于发挥好农村集体经济组织"统"的功能作用，进一步明晰产权归属，盘活集体资产，开发集体资源，促进农村集体产权交易；为农业生产提供社会化服务、居间服务等，不断通过产业带动、创业拉动、改革驱动等多渠道增加农民财产性收入，让广大农民共享集体经济发展成果。

多年来，全国农村集体资产监督管理平台建设取得了初步成效。**一是登记"特别法人"，实现农村集体经济组织规范管理。**新成立的农村集体经济组织凭乡镇人民政府的批复，可以通过全国农村集体资产监督管理平台办理设立登记、变更登记和注销登记等。在线填写组织名称、地址、理事长等相关信息，即可在县级农业农村部门打印《农村集体经济组织登记证》，获得统一社会信用代码。目前，全国共有96万个农村集体经济组织通过平台领到了登记证书，获得了"特别法人"地位。**二是清查集体资产，实现农村集体资产精细化管理。**农村集体资产清产核资解决了农村集体家底不清、归属不明的问题，查清了全国农村集体资产的存量、结构和利用现状，村村有了一本"明白账"。截至2022年底，全国农村集体账面资产9.14万亿元。通过全国农村集体资产监督管理平台的建设，详细掌握了集体资产的价值、坐落、利用现状等，清晰地反映了我国农村各地资源禀赋和资产分布情况，提升了农村集体资产信息化管理水平，实现了农村集体资产的精细化管理。**三是查询成员权益，首次建立全国农村集体经济组织成员库。**通过农村集体产权制度改革，各地确认了谁拥有集体成员身份，每个成员持有多少集体经营性资产收益分配权份额或股份。农村集体经济组织可通过全国农村集体资产监督管理平台在线实时更新成员信息、份额（股份）变动及收益分配等情况，充分维护了约9亿成员的有关权益。农村集体经济组织成员通过移动端 App 或微信小程序，可随时查询所在组织的基本信息、集体资产和成员权益等。**四是规范财务管理，提高农村集体经济组织会计核算的准确性。**按照农村集体经济组织财务制度和会计制度要求，会计核算要严格按照相应的制度和钩稽关系进行，平台通过财务管理、资产管理、合同管理、资金管理等功能模块，将数据进行关联。一方面，大大减少了人工核算和校验的时间，避免人为因素导致的错误；另一方面，通过平台数据的一致性和准确性校验，可以帮助农村集体经济组织严格执行相关部门有关现金管理等规定，做到日清月结等，极大地提高了会计核算的自动化和准确性，减轻了会计人员的工作，提升了工作质量和效率。平台以农村集体经济组织资产台账为基础，会计核算凭证为桥梁，支撑农村集体经济组织日常经济业务工作，将相关数据进行实时联动和有机融合，为农村集体经济组织提供精准画像，对集体资产运转周期进行动态、可视化管理，做到实时联动分析、管理和预警。

# 第二章

# 公共服务门户

# 第一节 功能定位和用户体系

## 一、功能定位

公共服务门户是全国农村集体资产监督管理平台宣传和展示的统一窗口，是平台的首页，为各级农业农村业务管理部门工作人员、农村集体经济组织数据录入员等平台用户提供统一登录业务系统的入口及通知公告、任务通知、操作下载等功能，主要包括业务系统导航入口、运营中心、领导驾驶舱、专项工作调查等功能。

## 二、用户体系

公共服务门户是平台的统一入口。平台的用户均有公共服务门户的操作权限。用户主要分为两类，包括各级农业农村业务管理部门工作人员和农村集体经济组织管理人员和数据录入员。详细权限如表2-1所示。

**表2-1 公共服务门户用户体系**

| 用户 | 权限 |
| --- | --- |
| 各级农业农村业务管理部门工作人员 | 管理本辖区用户权限、数据审核上报、查看本辖区相关数据等；根据不同业务权限进入不同系统办理业务、查询数据等 |
| 农村集体经济组织管理人员和数据录入员 | 根据不同业务权限进入相应系统开展业务工作 |

## 三、平台登录

在浏览器输入访问地址 https：//jtzcjg.moa.gov.cn，打开全国农村集体资产监督管理平台，输入用户名、密码和验证码，点击"登录"按钮，输入手机验证码，点击"确定"，进入平台。省级以上用户也可通过 CA 认证的方式登录平台。平台登录界面如图2-1所示。

图 2-1　全国农村集体资产监督管理平台登录界面

# 第二节　公共服务门户功能操作

## 一、首页

【首页】是面向各级用户展示通知公告、任务通知及系统操作下载等内容的界面，也是各个业务系统的导航入口，如图 2-2 所示。通过点击"点击进入"按钮进入业务系统，查看业务系统数据、进行填报数据等操作。

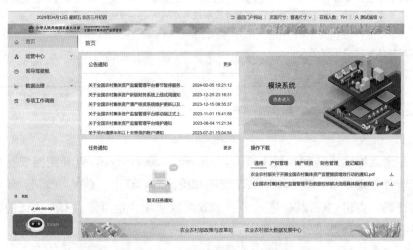

图 2-2　全国农村集体资产监督管理平台首页

## （一）公告通知

【公告通知】用于展示业务管理员发布的公告和相关政策文件信息，其中政策文件附件可以下载查阅，如图 2-3 所示。公告通知分为低级、中级、高级 3 个等级。当公告通知为高级时，用户须查看通知 10 秒后才能点击"已阅读"按钮，并关闭页面。

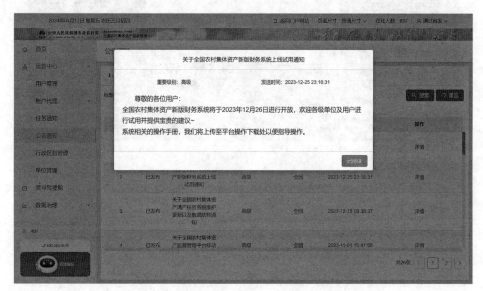

图 2-3 公告通知界面

## （二）任务通知

【任务通知】是当用户角色有需要操作的任务时，对其进行消息提醒的功能，便于用户了解所有的任务通知信息。用户可以点击相关通知标题进行查看，如图 2-4 所示。

## （三）操作下载

【操作下载】是为了便于用户下载查看政策文件、系统操作手册、系统操作视频教程及常见问题而设置的，包括通用政策文件、产权管理、清产核资、财务管理和登记赋码等系统操作教程和常见问题解析等，如图 2-5 所示。

## （四）智能客服

【智能客服】是各级用户快速获取有关全国农村集体资产监督管理平台业务政策、业务知识、系统操作等信息的渠道，帮助用户解决相关问题，并具有收集、反馈问题的功能，如图 2-6 所示。

图 2-4  任务通知界面

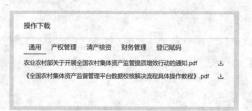

图 2-5  操作下载界面

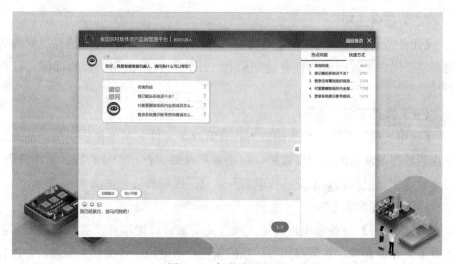

图 2-6  智能客服界面

## 二、运营中心

【运营中心】主要是各级用户对账号进行增、删、改、查等管理，操作授权登录等账户代理，查看通知公告及管理行政区划和单位等的功能。

### （一）用户管理

【用户管理】是对平台用户账号权限等进行管理的功能，包括用户的新增，查看已建用户详情，对账号进行编辑、锁定、删除、重置密码等操作，如图2-7所示。

图2-7　用户管理界面

### 1. 新增[①]

在【用户管理】功能页面，点击"新增"按钮，弹出用户新增卡片，如图2-8所示。输入账户、姓名、密码等信息，并选择用户所属区域、所属组织、所属系统角色等信息，点击"确定"按钮，即可新增用户角色。

### 2. 编辑和重置密码

在【用户管理】功能页面，可对已建用户账号进行编辑和重置密码等操作。点击"编辑"按钮，弹出账户编辑卡片，可对已创建用户的姓名、手机

---

① 注：新增用户可选择一个或多个所属系统或角色。若新增用户是数据录入员，则需选择用户所对应的农村集体经济组织。

图 2-8　新增用户界面

号、所属区域、所属单位、系统角色分配等进行编辑，如图 2-9 所示。

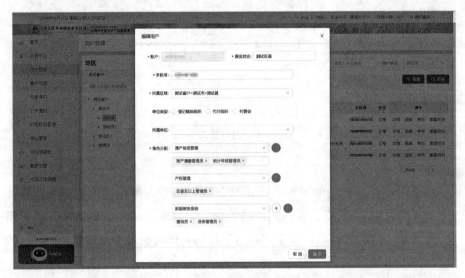

图 2-9　账号编辑操作界面

对需要重置密码的账号，点击"重置密码"按钮，输入该账号新密码，并在"当前操作人密码"框中输入当前登录的用户密码，进行安全验证，点击"确定"即重置密码成功，如图 2-10 所示。

图 2-10 账号重置密码操作界面

### 3. 启用与停用

新创建的账号默认为正常状态。若用户超过半年时间不登录平台或登录时密码连续输入错误 5 次，为保障平台数据安全，系统会自动将该账号冻结；若由于工作调动等原因暂时不使用本平台，可由上级业务管理员用户在【用户管理】功能页面，点击"停用"按钮对该用户账号进行冻结。冻结后的账号无法登录平台。需要解锁时，可由上级业务管理员用户点击"启用"按钮对该用户账号进行解冻，如图 2-11 所示。解冻操作后的账号可正常登录。

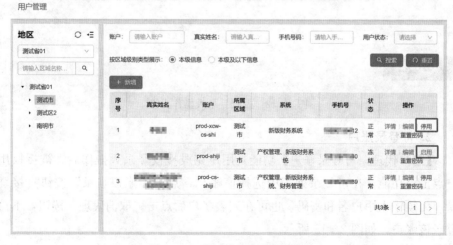

图 2-11 锁定与解锁操作界面

## （二）账户代理

【账户代理】是为了便于乡镇代管农村集体经济组织相关业务时进行账户切换的功能，主要包括授权登录人、可登录账户等功能。

### 1. 授权登录人

【账户代理—授权登录人】功能可以将本人账户授权给其他人进行登录。本人在【账户代理—授权登录人】功能下，点击"新增"按钮，输入被授权用户的账号、手机号等信息，点击"提交"，则被授权人在【可登录账户】功能中即可切换至该账户进行登录。当不需要被授权人登录时，可点击"取消代理"按钮。取消后被授权人不可登录该账户，如图 2-12 所示。

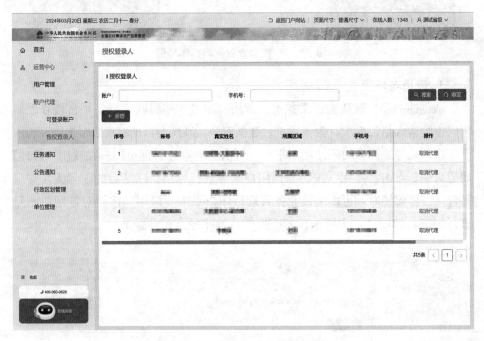

图 2-12　授权登录人操作界面

### 2. 可登录账户

【账户代理—可登录账户】功能是用户完成授权登录人操作后，被授权用户点击该功能，在可登录列表中选择该账户，点击"账户登录"按钮直接登录，无须输入用户名和密码，也可在列表账户后点击"取消代理"按钮，不再登录该账户，如图 2-13 所示。

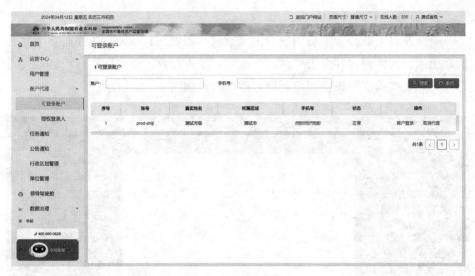

图 2-13 可登录账户界面

## （三）行政区划管理

【行政区划管理】功能主要针对省级及以上业务管理员使用，是对本辖区各级行政区划进行调整的功能。该功能包括新增行政区划和对已有行政区划的查看、变更、冻结、解冻等操作，以及查看有关行政区划问题的异常清单，如图 2-14 所示。

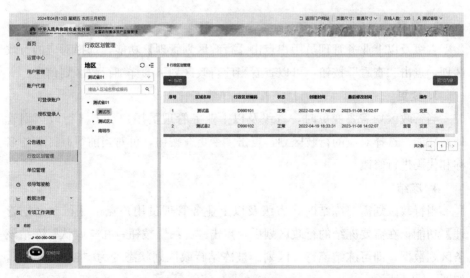

图 2-14 行政区划管理界面

**1. 新增**

省级及以上业务管理员用户点击【行政区划管理】功能，选择需新增地区所在上级行政区划，并点击"新增"按钮，录入行政区划名称和行政区划代码信息，点击"确定"按钮即可新增行政区划，如图 2−15 所示。

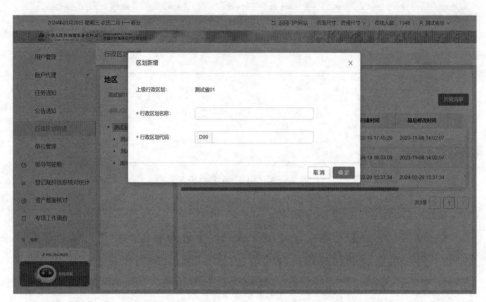

图 2−15　区划新增操作界面

**2. 查看**

省级及以上业务管理员用户点击【行政区划管理】功能，选择对应的行政区划，点击"查看"按钮，可以查看当前行政区划下的详细行政区划信息。

**3. 变更**

当行政区划需要变更时，省级及以上业务管理员用户点击【行政区划管理】功能，选择对应的行政区划，点击"变更"按钮，可对当前行政区划的名称和代码进行修改。

**4. 冻结**

当行政区划需要冻结时，省级及以上业务管理员用户点击【行政区划管理】功能，在需要冻结的行政区划后，点击"冻结"按钮，并"确认"冻结该条区划数据，即可冻结该行政区划。被冻结行政区划状态变为"注销"状态，如图 2−16 所示。

行政区划管理

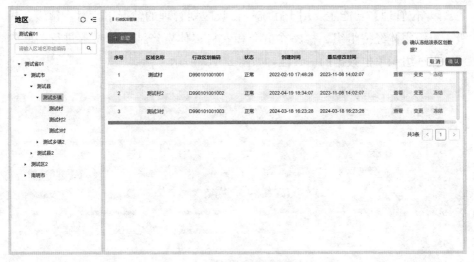

图 2-16 冻结操作界面

### 5. 解冻

当行政区划需要解冻时，省级及以上业务管理员用户点击【行政区划管理】功能，在需要解冻的行政区划后，点击"解冻"按钮，并"确认"解冻该条区划数据，即可解冻。被解冻行政区划状态变为"正常"状态，如图 2-17 所示。

行政区划管理

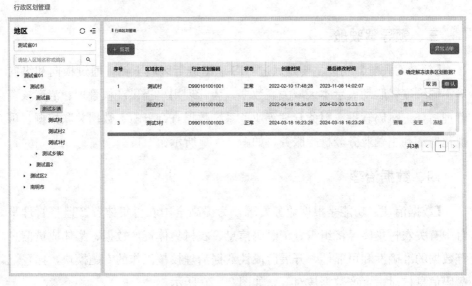

图 2-17 解冻操作界面

### (四)单位管理

【单位管理】功能主要用于在统一行政区划管理的情况下,对乡镇级、村级、组级集体经济组织、村民委员会和农村集体资产清查单位等进行关联管理,保证组织单位数据的一致性,如图 2-18 所示。

图 2-18 单位管理界面示例

## 三、领导驾驶舱

【领导驾驶舱】功能主要是通过 GIS 地图进行区域下钻,通过横向和纵向等不同维度,联动展示本区域关联数据,为管理用户提供产权管理、清产核资管理、登记赋码管理、财务管理等业务系统数据查询分析、数据关联挖掘、可视化展示和主题业务分析等服务,如图 2-19 所示。

## 四、数据治理

【数据治理】功能是根据业务要求,为提高全国农村集体资产监督管理平台中有关农村集体经济组织登记赋码信息、农村集体资产数据、集体成员信息等数据的准确性和可靠性,开展阶段性数据治理校核工作的专题模块,如登记赋码信息核对、资产数据核对等,如图 2-20 所示。

图 2-19 领导驾驶舱界面示例

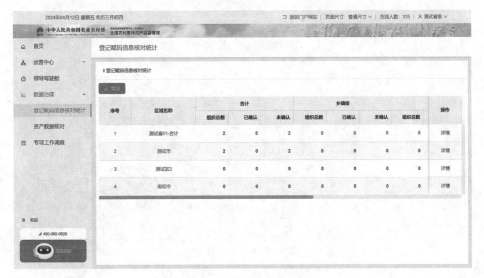

图 2-20 数据治理界面示例

## 五、专项工作调查

【专项工作调查】功能是为了落实国家相关部门有关要求，开展农村集体资产监督管理专项调查等工作而设置，包括数据上报、审核、统计等功能。如

2023 年度根据《农业农村部关于开展全国农村集体资产监管提质增效行动的通知》要求，研发上线的关于农村集体资产监管提质增效行动整改台账填报功能，如图 2-21 所示。

图 2-21　专项工作调查界面示例

# 第三章

# 产权管理系统

# 第一节　功能定位和用户体系

## 一、功能定位

产权管理系统的建设，为农村集体产权制度改革组建了全国农村集体经济组织成员库，系统汇集了由登记赋码管理系统生成的农村集体经济组织的组织名称、统一代码、法人信息、组织地址等组织信息，记录了农村集体经济组织成员及其持有农村集体经营性资产收益分配权份额（股份）情况信息，维护了农村集体经济组织和集体成员的权益。该系统主要包括组织管理、成员管理、份额（股份）管理以及收益分配等功能，可实现农村集体经济组织基本信息同步更新，农村集体经济组织成员信息、持有农村集体经营性资产收益分配权份额（股份）人员信息与折股量化方案信息在线更新，农村集体产权制度改革过程中形成的文件资料电子化归档，开展农村集体经济组织收益分配等信息化管理。

## 二、用户体系

产权管理系统的用户体系包括信息录入员、乡镇级管理员、区县级管理员和地市级及以上管理员 4 类角色。详细角色说明如表 3-1 所示。

**表 3-1　产权管理系统用户体系**

| 用户角色 | 用户功能 |
| --- | --- |
| 信息录入员 | 录入本集体经济组织的成员信息、持有农村集体经营性资产收益分配权份额（股份）的人员信息、收益分配等信息 |
| 乡镇级管理员 | 对农村集体经济组织录入的数据进行审核校验，确认无误后提交 |
| 区县级管理员 | 查询本辖区农村集体经济组织填报的各类数据，对乡镇级的删除申请进行审核 |
| 地市级及以上管理员 | 查询本辖区农村集体经济组织填报的各类数据 |

# 第二节 产权管理系统业务内容

按照 2021 年农业农村部政策与改革司印发的《关于开展农村集体经济组织成员信息报送相关工作的通知》（农政改综函〔2021〕50 号）要求，梳理产权管理系统业务内容和流程如下。

## 一、规范申报资料

《关于开展农村集体经济组织成员信息报送相关工作的通知》（农政改综函〔2021〕50 号）制定了《农村集体经济组织成员名册》《持有农村集体经营性资产收益分配权份额人员名册》《持有农村集体经营性资产收益分配权股份人员名册》《农村集体经济组织产权制度改革资料参考目录》，完成产权制度改革并在农业农村部门办理登记赋码的农村集体经济组织，整理按照改革时点确认的成员信息及相关文件资料，与登记赋码管理系统的成员名册和持有农村集体经营性资产收益分配权份额（股份）人员名册信息是相衔接的。

（一）农村集体经济组织成员信息

主要包括成员户编码、姓名、性别、民族、与户主关系、改革时点成员确认情况、户籍地址等。

（二）持有农村集体经营性资产收益分配权份额人员信息

主要包括成员户编码、姓名、性别、民族、是否为成员、与户主关系、以份额量化的情况、户籍地址等。

（三）持有农村集体经营性资产收益分配权股份人员信息

主要包括成员户编码、姓名、性别、民族、是否为成员、与户主关系、以股份量化的情况、户籍地址等。

（四）相关改革文件和资料

主要包括农村集体经济组织进行成员身份确认、清产核资、折股量化、成立经济合作社或股份经济合作社等的方案请示和批复，集体经济组织召开的成员（代表）大会会议材料，集体经济组织章程、收益分配方案等。

## 二、成员信息录入

成员信息和改革文件资料通过产权管理系统录入。

### （一）相关文件

以 Pdf、Word 等形式上传到平台中。

### （二）成员信息

录入方式有两种：一是在产权管理系统中进行单条信息录入；二是在产权管理系统中下载 Excel 模板①，线下补充完善后批量上传到平台中。

## 三、上报数据审核

各级农业农村部门要高度重视，落实主体责任，做好相关信息审核和报送工作；指导乡镇、村、组三级农村集体经济组织做好成员信息和改革文件资料的整理归档，确保相关信息真实准确。

# 第三节　面向信息录入员的主要功能

产权管理系统的信息录入员角色主要具有组织管理、成员管理、份额（股份）管理、收益分配、改革文件资料、成员信息异常校验、跨区成员校验等功能权限，贯穿整个农村集体产权制度改革的全过程。

## 一、组织管理

在【组织管理—基本情况】功能中可查询已在登记赋码管理系统中登记的组织信息，并会根据组织信息变更情况及时同步。该功能中可以查询组织名称、统一社会信用代码、法人信息、组织地址等 36 项组织信息②。点击【组织管理—基本情况】功能，进入基本情况页面，查看组织基本信息，如图 3 - 1 所示。

---

① 注：不可修改模板原有格式。
② 注：本信息从登记赋码管理系统同步而来，更新变更信息需在登记赋码管理系统中操作。

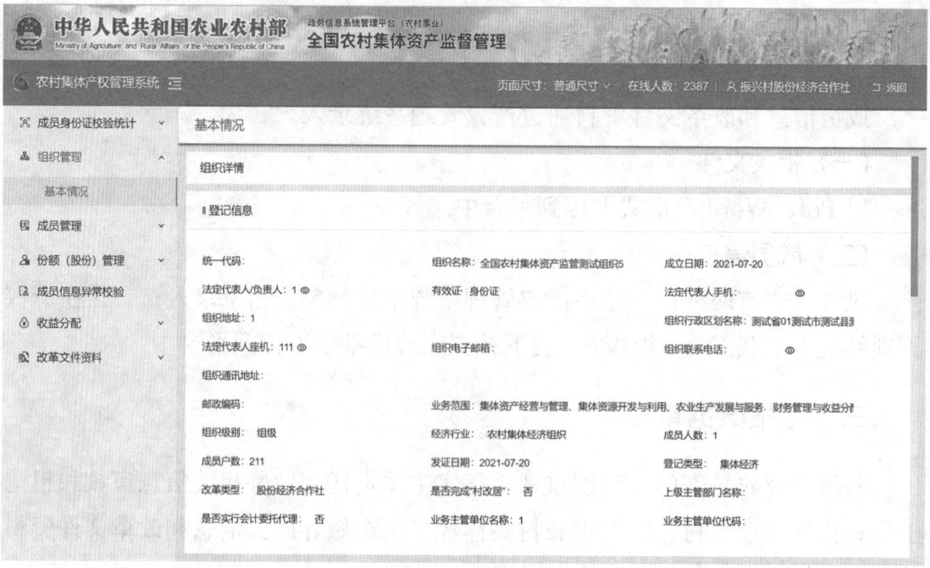

图 3-1　基本情况页面示例

## 二、成员管理

【成员管理】功能具有初始成员、成员查询、成员变更 3 个子功能，主要是对农村集体经济组织的成员信息进行录入、查询、变更等。

### （一）初始成员

【初始成员】是农村集体经济组织首次上传成员信息名册时使用的功能，主要为了方便农村集体经济组织信息录入员将本单位成员信息批量导入系统。点击【初始成员】功能进入页面，界面显示"下载模板""导入""异常清单""删除当前数据""提交"等按钮，辅助开展成员信息填报的工作，如图 3-2 所示。

点击"下载模板"按钮，将成员名册模板下载到本地电脑，并在模板中填入成员信息。点击"导入"按钮，选择要导入的成员名册数据文件，可将填写好的成员名册模板进行上传。若确认信息无误，则点击"提交"按钮，并等待乡镇级管理员审核。审核通过后即可在系统中查询本次导入的成员数据。若成员名册不满足系统钩稽关系，会在"异常清单"下显示，逐个解决后，可再次提交。

需注意：①成员名册中，带 * 号的指标项为必填项，不能为空；②每户只有一个户主；③在成员名册中，户编码是唯一的，不能与其他户编码重复；④导入时，本组织内所有成员身份证号码不能重复，并符合身份证号码校验规则。

图 3-2　初始成员上传操作界面

### 1. 异常清单

导入成员名册信息后，点击"异常清单"按钮可以查看成员信息异常的情况。点击"修正"按钮，可以对成员信息进行修正；也可以在原下载模板的文件中修正数据后，按照【初始成员】的功能操作再次导入，如图 3-3、图 3-4 所示。

图 3-3　异常清单界面

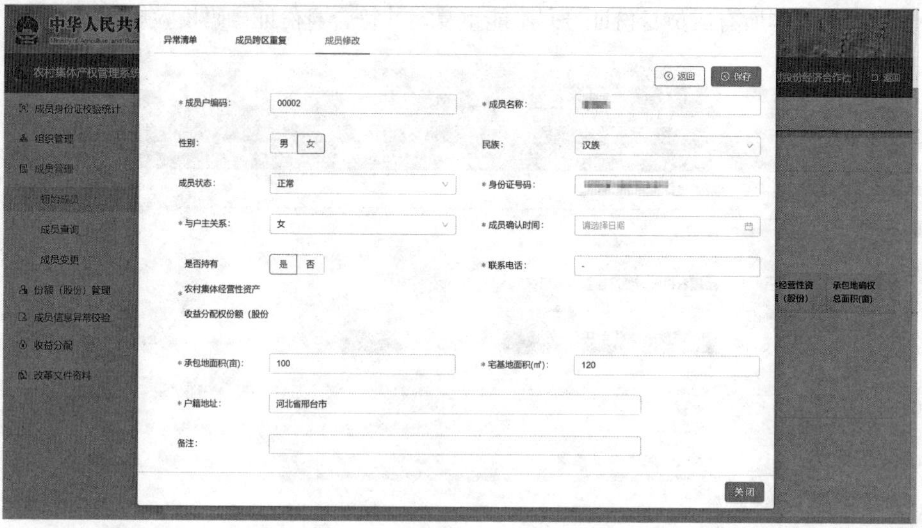

图 3-4　异常清单修改操作示例

**2. 删除当前数据**

导入成员名册信息后，在乡镇级管理员尚未审核时发现成员信息存在错误或需要增加、删减成员等情况，需删除当前数据重新导入时，可点击"删除当前数据"按钮。删除当前成员信息后，再重新上传数据。

**（二）成员查询**

【成员查询】是对通过审核的集体经济组织成员信息进行查询的功能，并提供导出功能。

点击【成员查询】功能，进入成员信息列表页面，可查看本集体经济组织的成员信息明细。点击"导出"按钮，可以将成员信息生成电子表格，并保存到本地电脑，如图 3-5 所示。

**（三）成员变更**

【成员变更】功能主要是实现成员信息的新增、变更①和退出的功能，通过填写新增、变更或退出单据，对成员信息进行变更操作。点击【成员变更】功能，进入成员变更界面，可对成员进行新增、变更或退出等操作，如

---

① 注：本系统涉及填报、变更和更新的功能都设置了"保存"和"提交"2个功能状态按钮。点击"保存"后，状态为未提交，此时单据可以编辑和删除；点击"提交"后，状态为已提交，此时单据不可编辑和删除。

图 3-6 所示。

图 3-5 成员查询界面

图 3-6 成员信息变更界面

## 1. 新增

点击"新增"按钮，进入成员新增页面，如图 3-7 所示，填写填报日期、事由、联系电话等信息，并点击成员信息列表的"＋新增成员"按钮。补充成员信息后点击"添加"按钮，再点击"保存"按钮和"提交"按钮，经乡镇级管理员审核完成后，即新增成员成功。可一次增加多条成员信息。

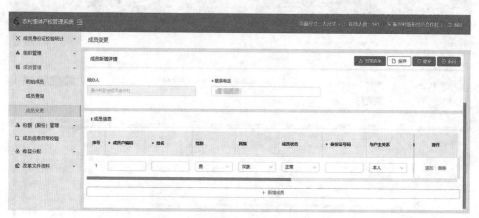

图3-7 成员新增操作界面

**2. 变更**

点击"变更"按钮，进入成员变更页面，如图3-8所示，填写填报日期、事由、联系电话等信息。点击"＋选择成员"按钮，选择要变更的成员，对成员信息进行编辑。修改完成后点击"保存"按钮，再点击右上角"保存"按钮和"提交"按钮，经乡镇级管理员审核完成后，完成对成员变更的操作。可一次变更多条成员信息。

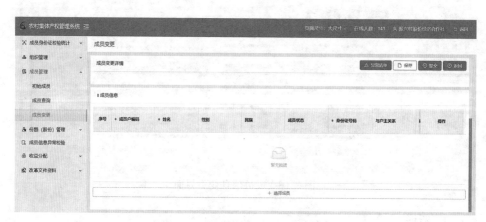

图3-8 成员变更操作界面

**3. 退出**

点击"退出"按钮，进入成员退出页面，如图 3-9 所示，填写填报日期、事由、联系电话等信息，并点击成员信息列表的"＋选择成员"按钮。选择要退出的成员，再点击右上角"保存"按钮和"提交"按钮，经乡镇级管理员审核完成后，完成对成员退出的操作。可一次对多条成员信息操作退出。

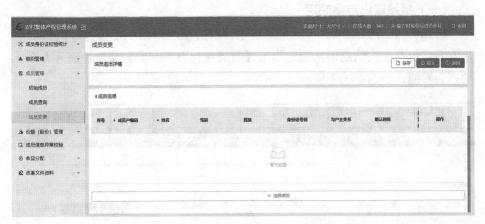

图 3-9  成员退出操作界面

**4. 编辑或删除**

当成员变更单据保存但未提交时，可点击列表中操作列的"编辑"或"删除"按钮，对变更单据进行编辑或删除操作，如图 3-10 所示。

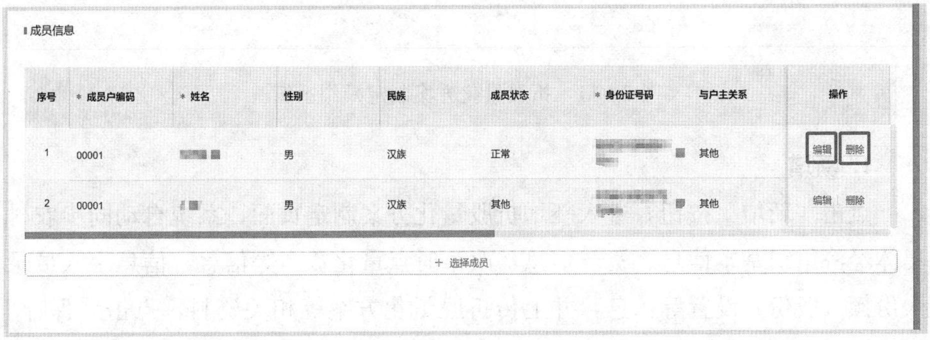

| 序号 | * 成员户编码 | * 姓名 | 性别 | 民族 | 成员状态 | * 身份证号码 | 与户主关系 | 操作 |
|---|---|---|---|---|---|---|---|---|
| 1 | 00001 | 男 | 男 | 汉族 | 正常 | | 其他 | 编辑 删除 |
| 2 | 00001 | | 男 | 汉族 | 其他 | | 其他 | 编辑 删除 |

＋ 选择成员

图 3-10  编辑/删除操作示例

## 三、份额（股份）管理

【份额（股份）管理】功能下具有折股量化方案制定、份额（股份）设置、份额（股份）变更、份额（股份）流转、份额（股份）查询及增资扩股等子功能，主要是对持有农村集体经营性资产收益分配权份额（股份）人员信息进行录入、查询、变更等管理。

### （一）折股量化方案制定

【折股量化方案制定】功能是农村集体经济组织根据本单位实际的折股量化方案，填写相关信息的功能。点击【折股量化方案制定】功能，进入方案维护列表界面，如图 3-11 所示。

图 3-11　折股量化方案制定操作示例

### 1. 新增

点击"新增"按钮，进入新增折股量化方案制定页面，系统自动同步农村集体经济组织基本信息、资产信息、改革时点量化资产等信息，信息录入员录入份额（股份）设置等信息，并上传折股量化方案等相关资料，点击"保存"按钮并提交，即可完成折股量化方案制定操作，如图 3-12 所示。

在已有折股量化方案的情况下，收益分配机制有重大调整的，可点击"新增"按钮，制定新的折股量化方案，完成份额（股份）信息设置，配置集体股、成员股等类型股份。设置好后点击"执行方案"按钮，即可执行新的方案，旧的方案变为已过期状态，此时需要重新分配股份。

折股量化方案设置好后，可通过"查看详情"按钮查看当前农村集体经济组织正在执行中的折股量化方案具体信息。

图3-12　折股量化方案制定新增界面

**2. 申请变更**

当需要对折股量化方案的部分内容或份额（股份）数量进行修改时，可通过"申请变更"按钮进行操作，需注意修改份额（股份）数量的时候不能小于已录入的合计的总份数或总股数。

**（二）份额（股份）设置**

【份额（股份）设置】功能是农村集体经济组织对本单位成员所持有的份额（股份）情况进行初始化设置的功能，主要为了方便农村集体经济组织数据录入员将本单位持有经营性资产收益分配权的人员信息批量导入系统。点击【份额（股份）设置】功能，进入页面，份额（股份）列表中的股份类型是根据折股量化方案中配置的份额（股份）类型生成的。界面显示"下载模板""导入""异常清单""删除当前数据""提交"等按钮，辅助开展人员信息填报的工作，如图3-13所示。

点击"下载模板"按钮，将份额（股份）名册模板下载到本地电脑，在模板中填入份额（股份）人员数据。

点击"导入"按钮，选择要导入的名册数据文件，并进行上传。若确认信息无误，则点击"提交"按钮，并等待乡镇级管理员审核。审核通过后即可在系统中查询本次导入的持有份额（股份）人员信息数据。若人员名册不满足系统钩稽关系，会在"异常清单"下显示，逐条进行校验和修正后，再进行提交。

图 3-13 份额（股份）设置界面

### （三）份额（股份）变更

【份额（股份）变更】功能是通过填写份额（股份）分配、修改、持股人退出单据，完成份额（股份）人员信息的份额（股份）分配、修改、退出操作。点击【份额（股份）变更】功能，进入份额（股份）变更操作界面，选择份额（股份）新增、份额（股份）修改、持股人退出等单据类型，找到对应的单据进行修改操作，如图 3-14 所示。

#### 1. 新增

点击"新增"按钮，进入份额（股份）分配页面，填写相关信息，在填报页中分为持有份额（股份）成员和持有份额（股份）非成员 2 个板块，如图 3-15 所示。

在持有份额（股份）成员板块，点击"选择成员"按钮，选择组织内的成员；在持有份额（股份）非成员板块，点击"新增"按钮，添加非成员的人

图 3-14　份额（股份）变更界面

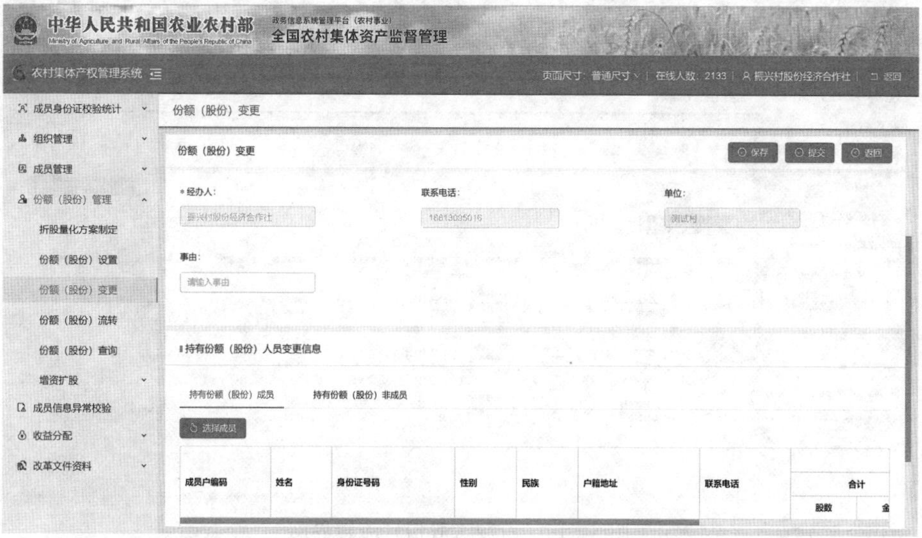

图 3-15　持有份额（股份）人员新增操作示例

员。录入持有份额（股份）人员信息并确认无误后，在列表页面点击"提交"按钮，等待乡镇级管理员审核。审核通过后即完成持有份额（股份）人员新增操作。需注意，如果没有设置折股量化方案，则此时系统提示没有配置方案，需要先配置折股量化方案。

**2. 修改**

点击"修改"按钮，进入份额（股份）修改页面，分别在"持有份额（股份）成员"和"持有份额（股份）非成员"版块中选择要修改的人员信息，确认无误后点击"提交"按钮，并等待乡镇级管理用户审核通过，即可完成持有份额（股份）人员信息修改操作。

**3. 退出**

点击"退出"按钮，进入持有份额（股份）人员退出页面，找到并选择退出人员，确认无误后点击"提交"按钮，并等待乡镇级管理用户审核通过，即可完成操作。

**（四）份额（股份）流转**

【份额（股份）流转】功能是通过填写份额（股份）流转单据实现对份额（股份）流转信息的登记，点击【份额（股份）流转】功能，进入份额（股份）流转单据填写页面，如图 3-16 所示。

图 3-16 份额（股份）流转界面

点击【份额（股份）流转】功能下"份额（股份）流转"按钮，进入单据填写页面，填写单据信息，包含基本信息、组织信息、流转信息、附件信息等。并点击"选择出让人"按钮，选择份额（股份）出让人，勾选需要进行份额（股份）出让的成员，点击"确认"，当前成员就会被加载到列表中，如图 3-17、图 3-18 所示。

图 3-17　份额（股份）流转选择出让人操作示例

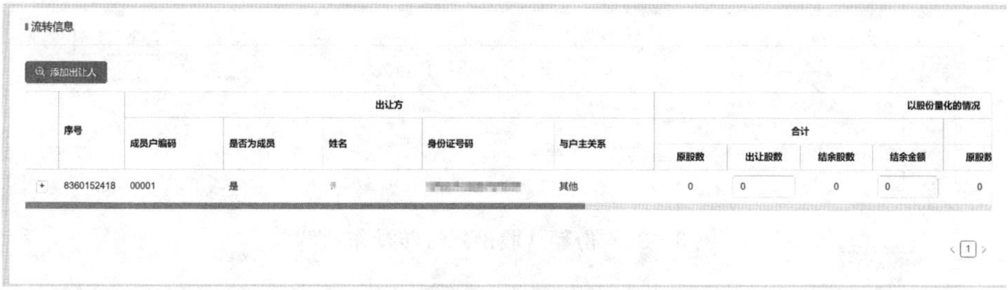

图 3-18　流转信息示例

在出让人的列表中，点击"添加受让人"按钮，弹窗显示"选择成员"对话框，勾选受让份额（股份）的成员，点击"确认"，即可完成份额（股份）流转操作，如图 3-19 所示。

针对份额（股份）流转的情况，可通过"详情""编辑""删除"等按钮进行详细信息查看、编辑修改及删除等操作，如图 3-20 所示。

**（五）份额**（股份）**查询**

【份额（股份）查询】是为具有权限的业务管理人员提供查询本辖区份额（股份）情况的功能。点击【份额（股份）查询】功能，进入信息列表页面。输入查询条件，点击"搜索"按钮，即可出现查询结果，如图 3-21 所示。

图 3-19　选择受让人操作示例

图 3-20　份额（股份）流转操作示例

图 3-21　份额（股份）查询操作界面

### （六）增资扩股

【增资扩股】功能是当农村集体经济组织为扩大生产经营规模，优化份额（股份）比例和结构，出现增资扩股情况时使用的功能。点击【增资扩股】功能，进入操作界面，通过"新增""编辑""删除""详情"等按钮，开展增资扩股业务设置或变更等操作，如图 3 - 22 所示。可通过【增资扩股查询】功能，对相关信息进行查看。

图 3 - 22　增资扩股操作示例

## 四、收益分配

【收益分配】是当农村集体经济组织年底有盈余收益进行分配时，辅助开展相关分配的功能。收益分配设置成功后，也可通过【收益分配明细】功能进行详情查看、编辑、删除等操作。在操作方式上分为人工录入和系统规则录入两种方式。

### （一）人工录入

第一步：点击"新增"按钮，进入收益分配新增页面，填写基本信息和资产信息后，选择分配方式为"人工录入"，点击"保存"按钮，如图 3 - 23 所示。

图 3-23 人工录入分配方式选择示例

第二步：在【收益分配明细】功能界面，选择一条人工录入的收益分配方案，如图 3-24 所示，进行成员收益分配登记，点击"编辑"按钮，进入收益分配编辑页面。点击"下载模板"按钮，在模板中录入信息。分配清单中的个人股、集体股全部填写完成并确认无误后，导入系统并点击"提交"按钮，等待乡镇管理员审核信息确认后生效，如图 3-25 所示。

图 3-24 收益分配明细操作示例

图 3-25  人工录入操作示例

## （二）系统规则录入

点击"新增"按钮，进入收益分配新增页面，填写基本信息和资产信息后，分配方式选择"系统规则"，点击保存，如图 3-26 所示。

图 3-26  系统规则分配方式选择操作示例

在分配清单模块下进行规则设置，自动同步份额（股份）类型，设置类型的启用或停用，并设置每股分配金额数，如图 3 - 27 所示。

图 3 - 27　设置规则操作示例

设置规则后，分配清单人员列表会自动加载本集体经济组织持有份额（股份）人员的名单，并且可以通过设置规则弹窗批量修改分配金额，如图 3 - 28 所示。

图 3 - 28　分配清单人员同步示例

### 五、改革文件资料

【改革文件资料】功能是以文档形式上传农村集体经济组织在农村集体产权制度改革过程中形成的成果文档，包括改革文件资料上传和改革文件资料查询2个子功能。

#### （一）改革文件资料上传

按照《关于开展农村集体经济组织成员信息报送相关工作的通知》要求，农村集体经济组织需上传的改革文件资料，包括请示批复类、会议材料类和组织管理类等。

#### 1. 请示批复类

点击【改革文件资料上传】功能，系统默认进入"请示批复"页面，可在此处上传成立农村集体产权制度改革、清产核资等工作小组的请示和批复、清产核资工作方案的请示和批复、成员身份确认方案的请示和批复、成立（股份）经济合作社的请示和批复等附件。

点击"新增"按钮，上传相关文档附件，并可通过"删除""编辑"按钮进行删除或编辑操作。提交后，相关文件无法再进行修改和删除，如图3-29所示。

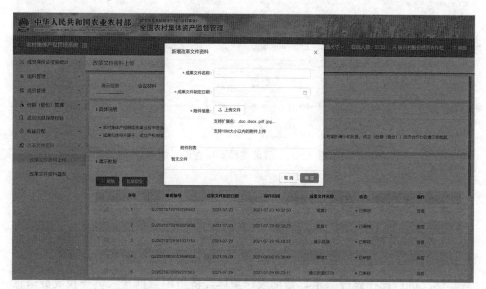

图3-29 改革文件资料上传操作界面

**2. 会议材料类**

点击"会议材料",进入会议材料上传页面,可上传成员(代表)大会会议通知、会议纪要等文档附件。

**3. 组织管理类**

点击"组织管理",进入组织管理类资料上传页面,新增改革时点资产负债汇总表、成员身份确认办法、份额(股份)折股量化办法、管理办法、收益分配方案等文档附件。

**(二)改革文件资料查询**

【改革文件资料查询】是对农村集体经济组织的改革成果文件进行查询的功能。点击【改革文件资料查询】功能,进入改革文件资料查询的组织列表,点击"查看附件"按钮,可查看所有相关附件,并可进行下载,如图3-30所示。

图3-30 改革文件资料查询界面

# 六、成员信息异常校验

【成员信息异常校验】功能是为了判断是否有成员在成员名册和持有农村集体经营性资产收益分配权份额(股份)名册中信息填写不一致的情况,并对各类情况进行操作修改提示,帮助农村集体经济组织数据录入员查找成员信息异常的情况,辅助进行修改。主要包括下列3种情况,如图3-31所示。

情况1：【成员名册】中"是否持有农村集体经营性资产收益分配权份额（股份）"指标选择了"是"，但没有录入【份额（股份）名册】。

情况2：【成员名册】中"是否持有农村集体经营性资产收益分配权份额（股份）"指标选择了"否"，但是录入在了【份额（股份）名册】中。

情况3：【份额（股份）名册】中"是否为成员"指标显示"否"，但在【成员名册】中有这个人。

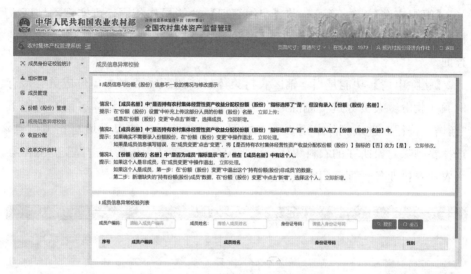

图3-31 成员信息异常校验查询界面

## 七、跨区成员校验

【跨区成员校验】功能是为了辅助农村集体经济组织系统解决成员身份"两头占"的阶段性功能，即一个人在多个农村集体经济组织具有成员身份。该功能可以展示出与本集体经济组织成员身份重复的具体情况，辅助其有针对性地解决问题。

## 第四节 面向乡镇级管理员的主要功能

产权管理系统的乡镇级管理员角色主要具有组织管理、成员管理、份额（股份）管理、收益分配、改革文件资料、成员与份额（股份）信息校验、成员身份证校验统计、上报进展审核、上报进展统计等功能操作权限，主要是对本辖区农村集体经济组织录入的相关信息进行审核、查询等操作。

## 一、组织管理

乡镇级管理员角色下的【组织管理】功能主要包括组织查询和删除申请 2 个子功能。

【组织查询】与本章第三节【组织管理】功能操作相同，可实现本辖区农村集体经济组织的组织名称、统一代码、法人信息、组织地址等 36 项信息的查询。

【删除申请】功能是当本辖区农村集体经济组织需要对本单位成员、持有份额（股份）人员等进行删除时，由乡镇级管理员点击【删除申请】功能下"新增"按钮，进入删除申请页面，如图 3-32 所示，按提示填写相关信息，选择要删除对象所在的农村集体经济组织名称，确认无误后点击提交，并由县级农业农村业务管理部门审核通过后生效。

图 3-32　成员删除操作示例

## 二、成员管理

乡镇级管理员角色下的【成员管理】功能包括初始成员审核、成员查询、成员变更审核、成员变更查询 4 个子功能，主要是对本辖区农村集体经济组织录入或变更的成员信息进行审核、查询等管理。

### （一）初始成员审核

【初始成员审核】功能面向乡镇级管理员角色，对应的是本章第三节【成员管理】功能中【初始成员】功能，是对本辖区农村集体经济组织提交的成员信息进行审核的功能，审核通过后成员信息则纳入成员库。点击【初始成员审核】功能，进入初始成员审核页面，如图3-33所示。选择对应的村级行政区划，右侧列表展示属于此行政区划下农村集体经济组织需要审核的成员信息。

图3-33　成员信息审核界面

列表页面分为"待审核"和"已归档"两类。农村集体经济组织信息录入员提交成员信息后，信息状态为待审核；乡镇级管理员完成成员信息审核后，该信息则进入"已归档"页面，审核操作完成。

### （二）成员查询

乡镇级管理员通过【成员管理-成员查询】功能可查询本辖区农村集体经济组织的成员信息。

### （三）成员变更审核

【成员变更审核】功能是对农村集体经济组织信息录入员提交的成员变更信息进行审核的功能。点击【成员变更审核】功能，进入成员变更审核页面，如图3-34所示。选择对应的村级行政区划，右侧列表展示属于此行政区划下农村集体经济组织需要审核的成员变更信息。

列表页面分为"待审核"和"已归档"两类。农村集体经济组织信息录入

图 3-34　成员变更审核示例

员提交成员变更信息后，信息状态为"待审核"；乡镇级管理员审核通过后，该信息则进入"已归档"页面，审核操作完成。

### （四）成员变更查询

【成员变更查询】是对本辖区农村集体经济组织成员发生的变更情况进行查询的功能。点击【成员变更查询】功能，右侧列表展示本辖区农村集体经济组织发生的成员变更记录单据页面。点击"详情"按钮，可进入单据查看详细信息，如图 3-35 所示。

图 3-35　成员变更查询示例

## 三、份额（股份）管理

乡镇级管理员角色下的【份额（股份）管理】功能包括折股量化方案审核、份额（股份）设置审核、份额（股份）变更审核、份额（股份）查询、份额（股份）流转审核、份额（股份）流转查询及增资扩股的审核和查询等子功能，主要是对本辖区农村集体经济组织录入的持有农村集体经营性资产收益分配权份额（股份）人员信息进行审核、查询等管理。

### （一）折股量化方案审核

【折股量化方案审核】功能是乡镇级管理员对本辖区农村集体经济组织信息录入员提交的折股量化方案进行审核确认的功能。点击【折股量化方案审核】功能，进入审核页面，如图3-36所示。右侧列表展示需要审核的信息，可通过"详情""审核通过"或"驳回"按钮，进行详情查看和审核操作。

图3-36　折股量化方案审核操作示例

列表页面分为"待审核"和"已归档"两类。农村集体经济组织信息录入员提交折股量化方案后，信息状态为"待审核"；乡镇级管理员审核通过后，则进入"已归档"页面，审核操作完成。

### （二）份额（股份）设置审核

【份额（股份）设置审核】功能是乡镇级管理员对本辖区农村集体经济组

织信息录入员提交的份额（股份）信息进行审核确认的功能。点击【份额（股份）设置审核】功能，进入审核页面，如图 3－37 所示。右侧列表展示需要审核的单据信息。

图 3－37　份额（股份）信息审核操作示例

列表页面分为"待审核"和"已归档"两类。农村集体经济组织信息录入员提交份额（股份）设置信息后，信息状态为"待审核"；在乡镇级管理员审核通过后，则进入"已归档"页面，审核操作完成。

**（三）份额（股份）变更审核**

【份额（股份）变更审核】功能是乡镇级管理员对本辖区农村集体经济组织信息录入员提交的份额（股份）变更登记信息进行确认的功能。点击【份额（股份）变更审核】功能，进入审核页面，如图 3－38 所示。右侧列表展示需要确认的份额（股份）变更信息。

列表页面分为"待审核"和"已归档"两类。农村集体经济组织信息录入员提交信息后，信息状态为"待审核"；在乡镇级管理员审核通过后，则进入"已归档"页面，审核操作完成。

**（四）份额（股份）查询**

乡镇级管理员可通过【份额（股份）管理】中【份额（股份）查询】子功能，对本辖区农村集体经济组织内持有农村集体经营性资产收益分配权的人员

图 3-38　份额（股份）变更审核操作示例

信息进行查询。

### （五）份额（股份）流转审核

【份额（股份）流转审核】功能是乡镇级管理员对本辖区农村集体经济组织信息录入员提交的份额（股份）流转信息进行审核的功能。点击【份额（股份）流转审核】功能，进入份额（股份）流转审核页面，如图 3-39 所示。右侧列表展示需要审核确认的份额（股份）流转信息。

图 3-39　份额（股份）流转审核操作示例

列表页面分为"待审核"和"已归档"两类。农村集体经济组织信息录入员提交流转信息后,信息状态为"待审核";乡镇级管理员审核通过后,则进入"已归档"页面,审核操作完成。点击"详情"按钮,可查看份额(股份)流转单据的详细信息,如图3-40所示。

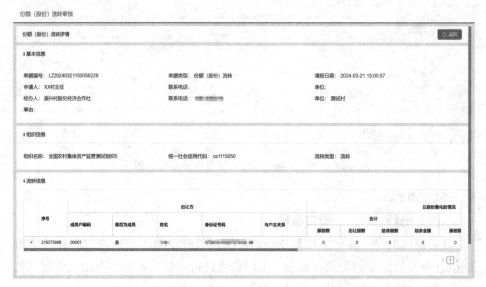

图3-40 份额(股份)流转详情界面

### (六)份额(股份)流转查询

【份额(股份)流转查询】是乡镇级管理员查询本辖区农村集体经济组织份额(股份)流转情况的功能。点击【份额(股份)流转查询】功能,进入查询列表,点击"详情"按钮后,进入信息列表页面,如图3-41所示。输入查询条件,点击"搜索"按钮,即可查看相关信息。点击"导出"按钮,可以将信息导出到本地。

### (七)增资扩股

【增资扩股】功能主要包括增资扩股审核和增资扩股查询2个子功能。

其中,增资扩股审核主要是乡镇级管理员对本辖区农村集体经济组织增资扩股申请操作的审核。审核通过后,该组织即可完成增资扩股业务操作。增资扩股查询是乡镇级管理员对本辖区农村集体经济组织增资扩股情况进行查询的功能。

图 3-41　份额（股份）流转查询操作示例

## 四、收益分配

【收益分配】功能是乡镇级管理员对本辖区农村集体经济组织收益分配情况进行审核和查询的功能，包括收益分配审核和收益分配查询 2 个功能。

### （一）收益分配审核

【收益分配审核】功能是对农村集体经济组织填写的收益分配信息进行审核确认。点击【收益分配审核】功能，进入审核界面，如图 3-42 所示。列表页面同样分为"待审核"和"已归档"两页。

图 3-42　收益分配审核操作示例

### （二）收益分配查询

【收益分配查询】功能是查询本辖区已通过审核的农村集体经济组织的收益分配情况。点击【收益分配查询】功能，进入收益分配信息列表页面，输入查询条件，点击"搜索"按钮，即可进行查询，如图3-43所示。

图3-43 收益分配查询示例

## 五、改革文件资料

### （一）改革文件资料审核

【改革文件资料审核】功能是乡镇级管理员对本辖区农村集体经济组织信息录入员提交的改革文件资料进行审核确认的功能，支持批量确认和批量退回的操作。点击【改革文件资料审核】功能，进入改革文件资料审核页面，如图3-44所示。农村集体经济组织信息录入员提交的信息会展示在待审核列表

图3-44 改革文件资料审核操作示例

中，乡镇级管理员审核确认后则进入"已归档"列表。

### （二）改革文件资料查询

【改革文件资料查询】是乡镇级管理员查询本辖区农村集体经济组织改革文件资料的功能。点击【改革文件资料查询】功能，进入查询列表。点击"详情"按钮后，进入信息列表页面。输入查询条件，点击"搜索"按钮，即可查看相关信息。

## 六、成员与份额（股份）信息校验

【成员与份额（股份）信息校验】功能是为了方便各级业务管理员调度辖区成员信息异常情况设置的统计及异常定位功能。点击【成员与份额（股份）信息校验】功能，进入页面，如图 3-45 所示，可查看本辖区范围内成员与份额（股份）信息校验异常的统计数据，从而有针对性地找到存在异常的农村集体经济组织，并逐一解决。

图 3-45　成员与份额（股份）信息校验统计界面

点击"详情"，可进入成员与份额（股份）信息校验详情。详情界面展示当前辖区成员信息异常校验总数，如图 3-46 所示。

图 3-46　成员与份额（股份）信息校验详情界面

## 七、成员身份证校验统计

【成员身份证校验统计】功能包括跨区成员校验、跨区成员校验统计、虚拟身份证统计、异常身份证统计等子功能，辅助乡镇级管理员排查成员身份证异常的情况。

### （一）跨区成员校验

【跨区成员校验】功能是提供全国范围内农村集体经济组织成员重复情况的结果查询功能。点击【跨区成员校验】功能，进入跨区成员校验页面如图 3-47 所示。选择所属区域、所属组织、身份证、重复组织数，点击"搜索"按钮查询重复的结果，并可进行数据导出。当导出数据超过 5 万条时，需进行预约导出，点击"立即预约导出"即可执行后台导出任务。

图 3-47　跨区成员校验界面

### （二）跨区成员校验统计

【跨区成员校验统计】功能是提供全国范围内农村集体经济组织成员重复的统计功能。点击【跨区成员校验统计】功能，进入页面，如图 3-48 所示。点击"详情"按钮，进入详情，可以查看本辖区农村集体经济组织有关跨区成员校验异常的统计数据。

图 3-48　跨区成员校验统计界面

### （三）虚拟身份证统计

虚拟身份证是针对尚无身份证或身份证已注销的成员而设置的。【虚拟身份证统计】功能是统计本辖区成员虚拟身份证总数和持有份额（股份）虚拟身份证总数。点击【虚拟身份证统计】功能，可查看本辖区有关虚拟身份证的统计数据。点击"详情"，进入虚拟身份证详情，展示当前辖区范围内的农村集体经济组织虚拟身份证的统计数，如图 3-49 所示。

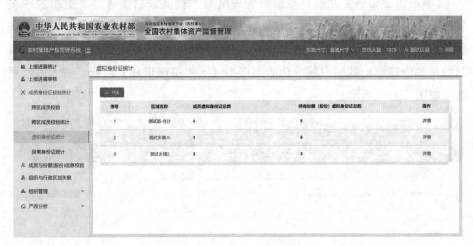

图 3-49　虚拟身份证统计界面

### （四）异常身份证统计

【异常身份证统计】功能是提供辖区范围内成员身份证号异常统计的功能。

点击【异常身份证统计】功能，进入页面，如图 3-50 所示，可查看本辖区范围内有关异常身份证的统计数据。点击"详情"，进入成员异常身份证统计详情，展示当前辖区范围内成员身份证号异常总数。

图 3-50　成员异常身份证统计示例

## 八、上报进展审核

【上报进展审核】功能是乡镇级管理员对本辖区农村集体经济组织的成员名册、成员数量、成员户数、份额（股份）人员名册、持有份额（股份）人员数量、持有份额（股份）户数、改革文件资料等完成农村集体产权制度改革情况的相关信息上报数据审核的功能。点击【上报进展审核】功能，进入审核页面，如图 3-51 所示。

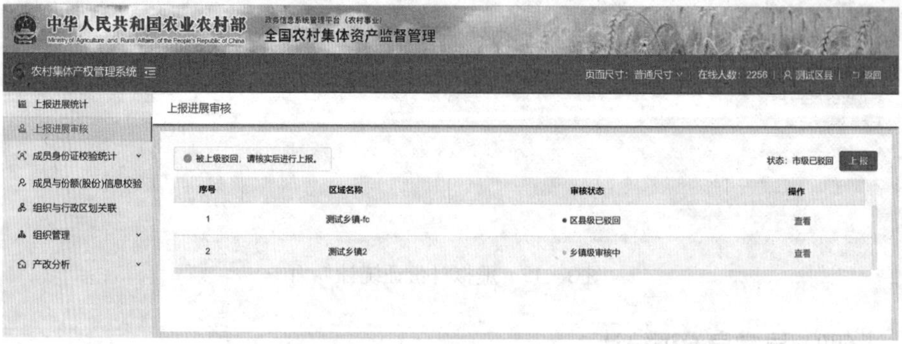

图 3-51　上报进展审核界面

## 九、上报进展统计

【上报进展统计】功能是对成员名册、成员数量、成员户数、份额（股份）人员名册、持有份额（股份）人员数量、持有份额（股份）户数、改革文件资料等情况的进度统计，如图 3-52 所示。

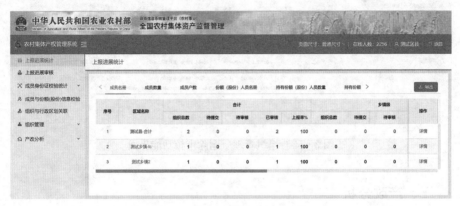

图 3-52 上报进展统计界面

# 第五节 面向区县级管理员的主要功能

## 一、基本功能

区县级管理员具有乡镇级管理员的所有有关查询和统计的功能权限，包括上报进展统计、上报进展审核、成员身份证校验统计、成员与份额（股份）信息校验、组织管理—删除审核、产改分析等功能，主要对本辖区农村集体经济组织提交的相关数据进行审核、查询、统计和工作进度监督等。前四个功能与乡镇级管理员操作相似，本节重点介绍组织管理—删除审核、产改分析 2 个功能。

## 二、组织管理—删除审核

【组织管理—删除审核】功能是针对乡镇级提交的有关成员名册、份额（股份）名册删除的申请，进行审核的功能。点击【组织管理—删除审核】功能，右侧列表展示需要审核的清单信息，找到对应的删除申请。通过"详情"按钮可以查看具体信息；通过"同意删除"或"不同意删除"按钮进行审核操作，如图3-53所示。

图3-53　组织管理—删除审核功能界面

## 三、产改分析

【产改分析】功能是对本辖区农村集体经济组织的情况进行总体的统计分析，主要包括组织情况统计和资产量化统计2个子功能。

### (一)组织情况统计

【组织情况统计】功能是实现对本辖区各个区域的乡镇级、村级、组级农村集体经济组织数、经济合作社数、股份经济合作社数、户数、成员数量、土地面积、资产总额等信息进行统计查询的功能，如图3-54所示。

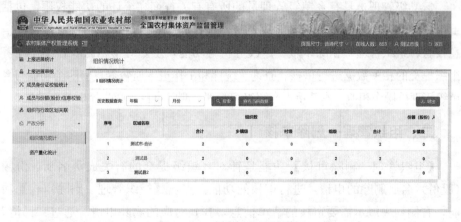

图3-54　组织情况统计界面

### （二）资产量化统计

【资产量化统计】功能是对本辖区农村集体经济组织量化资产总额、净资产总额等信息进行统计查询的功能，如图 3-55 所示。

图 3-55 资产量化统计界面

# 第六节 面向地市级及以上管理员的主要功能

地市级及以上管理员具有县级管理员的所有有关查询的功能权限，包括上报进展统计、上报进展审核、成员身份证校验统计、成员与份额（股份）信息校验、产改分析等功能，对本辖区农村集体经济组织提交的相关数据进行查询、统计和工作进度监督等。这部分功能操作与县级管理员操作相似，本节不再赘述。

# 第四章

# 清产核资管理系统

第四章

# 第一节　功能定位和用户体系

## 一、功能定位

清产核资管理系统包括农村集体资产清查和政策与改革统计年报 2 个模块。通过设置清产核资报表体系和功能模块，汇集了农村集体资产数据，摸清了农村集体资产家底；通过设置农村政策与改革统计年报报表体系和功能模块，汇集了农村政策与改革统计年报数据，汇总审核后形成中国农村政策与改革统计年报年度数据。

## 二、用户体系

清产核资管理系统的用户体系分为资产清查和统计年报两类。

### （一）资产清查模块用户体系

资产清查模块的用户角色主要分为业务管理员和数据录入员两类。其中，业务管理员包括县级及以上业务管理员和乡镇级业务管理员；数据录入员主要为乡镇级、村级、组级集体经济组织的数据录入员。角色和系统操作权限详见表 4 - 1。

表 4 - 1　资产清查用户角色及操作权限

| 用户角色 | 层级 | 操作权限 |
|---|---|---|
| 业务管理员 | 县级及以上农业农村业务管理部门 | 维护本辖区用户账号信息；查询统计本辖区所有数据信息；审核提交资产清查报表数据 |
| | 乡镇级业务管理部门 | 维护本辖区用户账号信息；查询统计本辖区所有数据信息；审核提交资产清查报表数据；管理本辖区农村集体经济组织的基本单位信息，设置资产清查报表填表人 |
| 数据录入员 | 乡镇级、村级、组级清查单位 | 填报本清查单位资产清查报表数据 |

## （二）统计年报模块用户体系

统计年报模块的用户角色主要分为业务管理员和数据录入员两类。其中，业务管理员主要区分为县级以上业务管理员、乡镇级业务管理员；数据录入员主要为乡镇级、村级、组级集体经济组织的数据录入员。角色和系统操作权限详见表4-2。

表4-2 统计年报用户角色及操作权限

| 用户角色 | 层级 | 操作权限 |
|---|---|---|
| 业务管理员 | 县级及以上农业农村业务管理部门 | 维护本辖区用户账号信息；查询统计本辖区所有数据信息；审核下级统计年报报表汇总数据；修改本部分统计年报报表数据并提交数据 |
| | 乡镇级业务管理部门 | 维护本辖区用户账号信息；查询统计本辖区所有数据信息；填报本级统计年报数据并提交数据；代替村级填报统计年报报表数据并提交数据 |
| 数据录入员 | 乡镇级、村级、组级农村集体经济组织 | 填报本级集体经济组织统计年报报表数据 |

# 第二节 报表内容及填报审核

## 一、农村集体资产清查报表内容及填报

### （一）农村集体资产清查报表内容

2017年12月，农业部等9部门联合印发《关于全面开展农村集体资产清产核资工作的通知》，明确了清产核资工作的范围、对象、程序和重点，制定了各类资产清查登记明细表和汇总表，并对清产核资涉及的账务处理、资产确权、价值重估等做出规定，并要求全面开展农村集体资产清查，且以后每年末开展一次资产清查，实现农村集体经济组织的资源性资产、经营性资产、非经营性资产的信息化管理。2018年6月，农业农村部办公厅联合自然资源部办公厅印发《关于做好农村集体资产清产核资工作的补充通知》，对报表的指标说明、格式调整等内容做了进一步规范。

之后每年，农业农村部部署开展农村集体资产清查工作，清查报表内容以

农业农村部政策与改革司印发的有关农村集体资产清查的通知为准。以 2023 年度《关于做好 2023 年度农村政策与改革统计年报和农村集体资产清查工作的通知》为例，乡镇级、村级、组级集体经济组织按照通知要求，填报本年度的报表数据；各级农业农村业务管理部门按照要求审核上报相关数据。资产清查报表内容见表 4-3。

表 4-3　农村集体资产清查报表

| 序号 | 农清明细 | 报表名称 |
| --- | --- | --- |
| 1 | 农清明细 01 | 货币资金清查登记表 |
| 2 | 农清明细 02 | 短期投资清查登记表 |
| 3 | 农清明细 03 | 应收款项清查登记表 |
| 4 | 农清明细 04 | 库存物资清查登记表 |
| 5 | 农清明细 05 | 牲畜（禽）资产清查登记表 |
| 6 | 农清明细 06 | 林木资产清查登记表 |
| 7 | 农清明细 07 | 长期投资清查登记表 |
| 8 | 农清明细 08-1 | 固定资产清查登记表-1（经营性固定资产） |
| 9 | 农清明细 08-2 | 固定资产清查登记表-2（非经营性固定资产） |
| 10 | 农清明细 09-1 | 在建工程清查登记表-1（经营性在建工程） |
| 11 | 农清明细 09-2 | 在建工程清查登记表-2（非经营性在建工程） |
| 12 | 农清明细 10 | 无形资产清查登记表 |
| 13 | 农清明细 11-1 | 短期借款清查登记表 |
| 14 | 农清明细 11-2 | 应付款项清查登记表 |
| 15 | 农清明细 11-3 | 长期借款及应付款清查登记表 |
| 16 | 农清明细 12 | 应付工资清查登记表 |
| 17 | 农清明细 13 | 应付福利费清查登记表 |
| 18 | 农清明细 14 | 一事一议资金清查登记表 |
| 19 | 农清明细 15 | 专项应付款清查登记表 |
| 20 | 农清明细 16 | 所有者权益清查登记表 |
| 21 | 农清明细 17 | 待界定资产清查登记表 |
| 22 | 农清明细 18-1 | 资源性资产清查登记明细表-1（农用地） |
| 23 | 农清明细 18-2 | 资源性资产清查登记明细表-2（建设用地） |

（续）

| 序号 | 农清明细 | 报表名称 |
|---|---|---|
| 24 | 农清明细 18-3 | 资源性资产清查登记明细表-3（未利用地、附报） |
| 25 | 农清明细 19-1 | 资产负债表（组织类） |
| 26 | 农清明细 19-2 | 资产负债表（全资企业类） |
| 27 | 农清明细 19-3 | 资产负债表（合并报表） |
| 28 | 农清明细 20 | 资源性资产清查登记总表 |

**1. 货币资金清查登记表**（农清明细 01）

该表反映货币资金清查前后的变动情况，资金缺失、呆账、是否账外私设"小金库"等情况。

**2. 短期投资清查登记表**（农清明细 02）

该表反映短期投资清查前后的变动情况。"核实数"="账面数（合计）"＋"清查核实增加"－"清查核实减少"。清查核实中发生的"增加"或"减少"情况，要在"备注"中填写原因。

**3. 应收款项清查登记表**（农清明细 03）

该表反映应收款项清查前后的变动情况。本表根据"应收款"和"内部往来"（借方）账面数填写。"核实数"="账面数"＋"清查核实增加"－"清查核实减少"。清查核实中发生的"增加"或"减少"情况，要在"备注"中填写原因。

**4. 库存物资清查登记表**（农清明细 04）

该表反映库存物资清查前后的变动情况。"盘盈"指账面未登记库存物资的现值，即有物无账；"盘亏"指账面已登记库存物资灭失（按账面值填写），即有账无物。"核实数"="账面数"＋"清查核实盘盈"－"清查核实盘亏"。"盘盈""盘亏"等情况，要在"备注"中填写原因。

**5. 牲畜（禽）资产清查登记表**（农清明细 05）

该表反映牲畜（禽）资产清查前后的变动情况。"盘盈"指账面未登记牲畜（禽）资产的现值，即有物无账；"盘亏"指账面已登记牲畜（禽）资产灭失（按账面值填写），即有账无物。"核实数"="账面数（合计）"＋"清查核实盘盈"－"清查核实盘亏"。"盘盈""盘亏"等情况，要在"备注"中填写原因。

**6. 林木资产清查登记表** （农清明细 06）

该表反映林木资产清查前后的变动情况。"盘盈"指账面未登记林木资产的现值，即有物无账；"盘亏"指账面已登记林木资产灭失（按账面值填写），即有账无物。"核实数"＝"账面数（合计）"＋"清查核实盘盈"－"清查核实盘亏"。"盘盈""盘亏"等情况，要在"备注"中填写原因。

**7. 长期投资清查登记表** （农清明细 07）

该表反映长期投资清查前后的变动情况。"投资形式"指投资的具体形式，包括股权投资、债权投资等。"利润分配形式"指投资分配的办法，包括按股分红、定额分红等。"账面数（合计）"＝"货币资金出资"＋"实物折价出资"；"核实数"＝"账面数（合计）"＋"清查核实增加"－"清查核实减少"。"增加"或"减少"等情况，要在"备注"中填写原因。

**8. 固定资产清查登记表-1** （经营性固定资产）（农清明细 08-1）

该表反映经营性固定资产（用于经营的房屋、建筑物、机器设备、工具器具等固定资产）清查前后的变动情况。"构（购）建时间"指房屋建筑类的构建时间或设备类的购买安装时间。"坐落或置放位置"指房屋建筑类的坐落位置或设备类的置放位置。"使用情况"中"其他"栏，主要填写固定资产毁损、待报废等情况。固定资产一般不进行价值重估。"盘盈"指账面未登记固定资产的现值，即有物无账；"盘亏"指账面已登记固定资产损失（按账面值填写），即有账无物。"净值"＝"原值"－"已提折旧"；"核实数"＝"账面数（净值）"＋"清查核实盘盈"－"清查核实盘亏"。"盘盈""盘亏"等情况，要在"备注"中填写原因。

**9. 固定资产清查登记表-2** （非经营性固定资产）（农清明细 08-2）

该表反映非经营性固定资产（用于公共服务的教育、科技、文化、卫生、体育等方面的固定资产）清查前后的变动情况。相关要求与固定资产清查登记表-1（经营性固定资产）（农清明细 08-1）相同。

**10. 在建工程清查登记表-1** （经营性在建工程）（农清明细 09-1）

该表反映经营性在建工程清查前后的变动情况，含登记在建的各类经营性工程建设项目及已完工未结转的建设项目。账面数和核实数有差异的，要在"备注"中填写原因。

**11. 在建工程清查登记表-2** （非经营性在建工程）（农清明细 09-2）

该表反映非经营性在建工程清查前后的变动情况，含登记在建的各类非经营性工程建设项目及已完工未结转的建设项目。相关要求与在建工程清查登记表-1（经营性在建工程）（农清明细 09-1）相同。

**12. 无形资产清查登记表**（农清明细 10）

该表反映无形资产清查前后的变动情况。无形资产不区分资产类型，全部列为经营性资产。"盘盈"指账面未登记无形资产的现值，即有物无账；"盘亏"指账面已登记无形资产损失（按账面值填写），即有账无物。"账面净值"＝"账面原值"－"累计摊销"，"核实数"＝"账面数（账面净值）"＋"清查核实盘盈"－"清查核实盘亏"。"盘盈""盘亏"等情况，要在"备注"中填写原因。

**13. 短期借款清查登记表**（农清明细 11-1）

该表反映农村集体经济组织短期借款的清查情况。"账面数（合计）"＝"账面数（本金）"＋"账面数（应付利息）"，"核实数"＝"账面数（合计）"＋"清查核实增加"－"清查核实减少"。"增加""减少"等情况，要在"备注"中填写原因。

**14. 应付款项清查登记表**（农清明细 11-2）

该表反映农村集体经济组织应付款项的清查情况。"账面数（合计）"＝"账面数（本金）"＋"账面数（应付利息）"，"核实数"＝"账面数（合计）"＋"清查核实增加"－"清查核实减少"。"增加""减少"等情况，要在"备注"中填写原因。

**15. 长期借款及应付款清查登记表**（农清明细 11-3）

该表反映农村集体经济组织长期借款及长期应付款的清查情况。"账面数（合计）"＝"账面数（本金）"＋"账面数（应付利息）"，"核实数"＝"账面数（合计）"＋"清查核实增加"－"清查核实减少"。"增加""减少"等情况，要在"备注"中填写原因。

**16. 应付工资清查登记表**（农清明细 12）

该表反映农村集体经济组织的应付工资的清查情况。"账面数（合计）"＝"账面数（本年）"＋"账面数（以前年度）"，"核实数"＝"账面数（合计）"＋"清查核实增加"－"清查核实减少"，"增加""减少"等情况，要在"备注"中填写原因。

**17. 应付福利费清查登记表**（农清明细 13）

该表反映农村集体经济组织应付福利费的清查情况。按照使用项目分别填列。受益对象是指该笔应付福利费的实际受益人。支付时间是指应付福利费预期应该支付的时间。"账面数"与"核实数"不同的，要在"备注"中填写原因。

**18. 一事一议资金清查登记表**（农清明细 14）

该表反映农村集体经济组织一事一议资金账面余额的清查情况。"核实数"与"账面数"存在差异的，要在"备注"中填写原因。

**19. 专项应付款清查登记表**（农清明细 15）

该表反映农村集体经济组织专项应付款的清查情况。"拨入数（总金额）"－"已使用数"＝"账面数"。"核实数"与"账面数"存在差异的，要在"备注"中填写原因。

**20. 所有者权益清查登记表**（农清明细 16）

该表反映农村集体经济组织所有者权益的清查情况。"核实数"＝"账面数"＋"清查核实增加"－"清查核实减少"。"增加""减少"等情况，要在"备注"中填写原因。

**21. 待界定资产清查登记表**（农清明细 17）

由于特殊原因，产权难以界定的集体资产，作为待界定资产登记。

**22. 资源性资产清查登记明细表－1（农用地）**（农清明细 18－1）

该表反映集体拥有的农用地资源的清查情况。本表可区分"资源类型"分别填写。本表中"资源类型"指耕地、园地、林地、草地、农田水利设施用地（沟渠）、养殖水面（坑塘水面）、其他农用地。

**23. 资源性资产清查登记明细表－2（建设用地）**（农清明细 18－2）

该表反映集体拥有的建设用地的清查情况。本表可区分"资源类型"分别填写。本表中"资源类型"指工矿仓储用地、商服用地、农村宅基地、公共管理与公共服务用地、交通运输和水利设施用地、其他建设用地。

**24. 资源性资产清查登记明细表－3（未利用地、附报）**（农清明细 18－3）

该表反映集体拥有的未利用地、林木的清查情况。本表可区分"资源类型"分别填写。本表中"资源类型"指四荒地、其他未利用地、待界定农用地、待界定建设用地、待界定未利用地、林木-公益林（立方米）、林木-商品林（立方米）。

**25. 资产负债表（组织类）**（农清明细 19－1）

该表反映农村集体经济组织清查前后资产负债的总体情况。本表根据农清明细 01－农清明细 18 中各个会计科目合计数分别填写，核实数反映清查核实后农村集体经济组织的资产、负债及所有者权益情况。附报中"经营性资产"按照清查核实后长期投资、经营性固定资产、经营性在建工程、无形资产及用于经营的流动资产和农业资产的合计数填写。"非经营性资产"按照清查核实后非经营性固定资产、非经营性在建工程及用于公共服务的流动资产和农业资产的合计数填写。"经营性资产"＋"非经营性资产"＝"资产总计"。

**26. 资产负债表**（全资企业类）（农清明细 19-2）

该表反映农村集体经济组织下全资企业的资产负债情况。在系统中登记该表前，须先维护对应的全资企业名录，完成后按照资产负债表填写各项值。

**27. 资产负债表**（合并报表）（农清明细 19-3）

该表反映农村集体经济组织及其全资企业的资产负债情况。若当前组织没有全资企业，则该表与农清明细 19-1 数据一致。

**28. 资源性资产清查登记总表**（农清明细 20）

该表反映集体资源性资产的清查情况。集体资源性资产清查要与农村集体土地确权登记发证、农村土地承包经营权确权登记颁证、集体林权确权登记颁证、草原确权登记颁证等不动产登记和自然资源确权登记工作相衔接，利用登记成果、森林资源档案等登记入账。如重新实测，要在"备注"中填写原因。待界定土地按照农用地、建设用地、未利用地分别填写。林木按照公益林、商品林分别填写。

**（二）农村集体资产清查报表填报及审核流程**

**1. 数据填报流程**

第一步：清查单位数据录入员登录系统，填报农清明细 01 至农清明细 18 的报表明细数据。

第二步：在资产负债表（组织类）（农清明细 19-1）、资源性资产清查登记总表（农清明细 20）界面，点击"抽数"按钮，可自动抽取部分明细报表数据，然后补充未抽到数据。

第三步：若有所属全资企业，则填写全资企业的资产负债表（全资企业类）（农清明细 19-2）；若无全资企业，可直接跳过该环节。

第四步：在资产负债表（合并报表）（农清明细 19-3）界面，点击"抽数"按钮，可抽取资产负债表（组织类）（农清明细 19-1）和资产负债表（全资企业类）（农清明细 19-2）的合并数据。

第五步：完成以上步骤，并检查核实数据无误后，在报表目录界面，点

"提交"按钮，完成数据填报操作。

**2. 数据审核流程**

第一步：乡、村、组三级农村集体资产清查单位填报数据后提交到乡镇级业务管理部门。

第二步：乡镇级管理员对本辖区清查单位的资产清查报表进行审核。若数据审核无误，则提交到上一级农业农村业务管理部门；若数据有问题，则退回至相应的清查单位，返回至数据填报流程重新核实数据。

第三步：县级、地市级、省级等农业农村业务管理部门逐级对本辖区提交的资产清查汇总表数据进行审核，从横向和纵向多维度对数据进行审核分析，确认数据无误后提交至上一级农业农村业务管理部门；若数据有误，则退回至下一级。

第四步：农业农村部对各省提交的数据进行审核汇总，及时沟通数据问题，直至数据无误后形成年度政策与改革统计年报中《农村集体经济组织资产负债情况统计表》。

## 二、农村政策与改革统计年报报表内容及填报审核

### （一）农村政策与改革统计年报报表内容

农村政策与改革统计年报报表内容以农业农村部政策与改革司印发的有关统计年报的通知为准。以 2023 年度《关于做好 2023 年度农村政策与改革统计年报和农村集体资产清查工作的通知》为例，统计年报报表内容及起报单位如表 4 - 4 所示。

表 4 - 4　农村政策与改革统计年报报表

| 序号 | 报表名称 | 序号 | 报表名称 |
|---|---|---|---|
| 表 1 | 农村经济基本情况统计表 | 表 5 | 农村集体产权制度改革情况统计表 |
| 表 2 | 农村土地承包经营及管理情况统计表 | 表 6 | 农村集体经济财务会计管理和审计情况统计表 |
| 表 3 | 农村集体经济组织收益分配统计表 | 表 7 | 农村产权流转交易情况统计表 |
| 表 4 | 农村集体经济组织资产负债情况统计表 | | |

### （二）农村政策与改革统计年报填报及审核流程

根据《中华人民共和国统计法》《农村经营管理情况统计调查制度》及相

关通知要求，农村政策与改革统计年报数据质量全流程控制体系梳理如下。

**1. 各级统计人员审核职责**

乡镇及村级统计工作人员：应熟悉指标解释和统计口径，做好数据采集，打好统计工作基础；翻阅集体经济组织资产负债表、收益分配表、财务公开表、村集体成员代表大会会议纪要等材料，进行辅助核验；熟练操作统计年报模块，确保采集数据及时录入系统。

市、县两级统计工作人员：加强数据审核，采取纵向横向对比、逻辑关系校验、逐级倒查等方式，对每一张报表的明细数据进行一一审核，确保数据经得起检验；对异动数据应及时与乡镇、村级统计人员沟通，确有错误的退回重审；应及时与负责农村集体产权制度改革、土地承包、产权流转交易等工作的部门沟通，确保统计工作顺利完成。

省级统计工作人员：汇总数据后，应在全面掌握数据的基础上，结合农业农村形势判断数据走势，确保数据真实准确；对异动数据应及时与市、县级进行沟通，确有错误的退回重审；应及时与负责农村集体产权制度改革、土地承包、产权流转交易等工作的部门沟通，确保统计工作顺利完成。

农业农村部统计工作人员：汇总各省份数据，开展数据审核；对异动数据应及时与省级统计人员进行沟通，请省级提供异动情况说明，确有错误的退回重审；数据审核通过后，起草各业务报表分析报告，汇编农村政策与改革统计年报。

**2. 农村政策与改革统计年报数据录入质量控制**

各级统计工作人员登录清产核资管理系统，在统计年报模块中进行数据填报、审核、报送等工作，要严格按照数据钩稽关系，控制数据质量。

（1）表间钩稽关系设定

为保证录入或导入数据的准确性，系统设定了表内表间运算审核的钩稽关系。对于每一个单元格的类型和长度进行了限制，比如字符、日期、逻辑型等。不满足类型和长度的数据，系统将自动进行校核，使得问题数据无法有效输入。

（2）质量控制

录入数据时和上报数据前，系统自动对报表数据进行审核，并在未通过审核时，通过醒目的背景颜色标识进行提示，方便统计人员查错。

（3）审核辅助

通过同期对比、区域平均对比、查询极值等方法进行审核辅助。同期对比是调取报表历年历史数据与当前年份数值进行比对，并自动计算出同比增减率，帮助审核人员掌握数据同比变化、发现波动异常情况；区域平均对比是通过选择比较地区范围，计算出当前审核报表各指标在该地区的平均值；查询极值是通过选择比较地区范围，查询指标最大值、最小值的单位或地区。

**3. 数据填报审核流程操作**

第一步：乡、村、组农村集体经济组织或乡镇业务管理部门数据录入员登录系统，填报统计年报报表明细数据。

第二步：乡镇级及以上业务管理部门汇总生成本辖区统计年报报表数据，并补充填报本级其他相关数据。

第三步：县级、地市级、省级农业农村业务管理部门逐级对本辖区提交的统计年报报表数据进行审核，从横向和纵向多维度对数据进行审核分析，确认数据无误后提交至上一级业务管理部门。

第四步：农业农村部审核数据无误后，形成数据分析报告和《中国农村政策与改革统计年报》。

具体流程如图 4-1 所示。

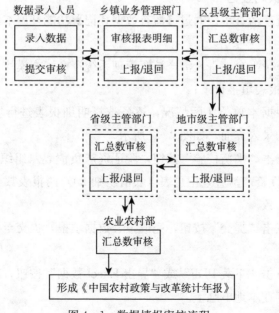

图 4-1　数据填报审核流程

# 第三节　农村集体资产清查模块操作

资产清查模块提供了数据录入、审核、提交、查询、统计等功能。对于乡、村、组三级农村集体资产清查单位数据录入员来说，主要有清查数据登记、全资企业登记的功能，用来填报本集体经济组织的资产清查报表数据；对于乡镇级业务管理部门的业务管理员来说，主要有清查单位管理、数据审核、查询统计等功能，用来对本乡镇清查单位进行管理、数据审核及查询统计等；对于县级及以上农业农村业务管理部门的业务管理员来说，主要有数据审核、查询统计、信息查询等功能，用于对下级提交数据的审核上报及查询统计等。本节将按照用户角色分类介绍主要的功能操作。

## 一、数据录入员数据填报操作

乡镇级、村级、组级集体资产清查单位数据录入员可通过清查数据登记、全资企业登记功能，开展农村集体资产清查报表数据填报。

### （一）清查数据登记

农村集体资产清查单位通过【清查数据登记】功能开展本单位资产清查数据登记工作。

第一步：登录平台，进入清产核资管理系统资产清查模块，点击【清查数据登记】，进入报表填报目录；

第二步：根据本单位实际情况，逐条选择明细报表进行填报，点击"编辑"进入报表的录入界面，如图4-2所示。

第三步：点击"平衡校验"按钮，验证资产负债表（组织类）（农清明细19-1）和资源性资产清查登记总表（农清明细20）两报表数值是否与相关明细表的合计数一致。

第四步：点击"提交"按钮，完成报表数据填报，提交至乡镇级业务管理员审核。

第五步：点击"下载PDF"或"导出Excel数据"按钮，获取当前整套报表的数据，保存在本地电脑上。

图 4-2　资产清查报表界面

## （二）全资企业登记

若有全资企业，乡、村、组三级清查单位数据录入员可进入资产清查模块，点击【全资企业登记】功能进行全资企业登记，如图 4-3 所示。

图 4-3　全资企业登记界面

第一步：点击【全资企业登记】功能，进入全资企业登记界面。点击"新增"按钮，填写"企业名称""联系人""证件号""企业地址"信息，点击保存即可。

第二步：全资企业登记完成后，填写资产负债表（全资企业类）（农清明细 19-2）。

## 二、乡镇级业务管理员功能操作

乡镇级业务管理员通过清查单位管理、数据审核、查询统计、工作进度查询、单位名册等功能对本辖区清查单位进行管理，并对相关数据进行审核、查询、统计和工作进度监督等。本部分主要介绍清查单位管理、数据审核和查询统计 3 个功能。

### （一）清查单位管理

乡镇级业务管理员通过【清查单位管理】功能对乡、村、组三级清查单位进行管理。资产清查的数据采集任务从清查单位的登记开始，该环节由乡镇级业务管理员负责，他们将辖区范围内的乡、村、组三级清查单位基本信息录入系统，并设置相应的数据录入员，即填表人，开启资产清查数据填报任务。

乡镇级业务管理员可以通过【清查单位管理】功能，对本辖区清查单位进行新增、编辑、删除、查看等操作，如图 4-4 所示。需注意的是，一个乡镇级地区只能创建一个乡镇级清查单位，村级地区可以创建一个村级清查单位和多个组级清查单位。

图 4-4　清查单位管理界面

### （二）清查单位数据审核

乡镇级业务管理员可通过【数据审核】功能对本辖区乡、村、组三级集体资产清查单位填报的资产清查报表明细数据进行审核，如图 4-5 所示。在

【数据审核】功能下，选择要审核的清查单位，进入需审核的明细报表界面，点击"查看"按钮，对明细报表数据逐条进行审核。若审核无误，则进行提交；否则将报表退回。

图 4-5　数据审核界面

### （三）查询统计

乡镇级业务管理员可通过【查询统计】功能对本辖区乡、村、组三级清查单位填报的资产清查报表数据进行查询和统计，如图 4-6 所示。点击【汇总统计】【报表查询】【汇总表】等功能，设置要查询统计的条件，点击"查询"按钮，即可获取相应的数据。点击"导出"按钮，可将相关数据下载至本地。

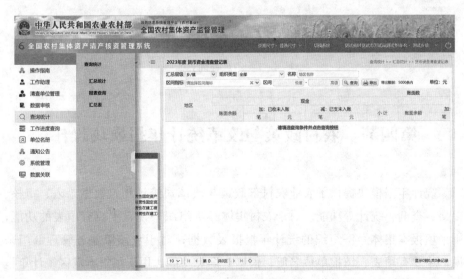

图 4-6　查询统计界面

### 三、县级及以上业务管理员数据审核及查询

县级及以上业务管理员通过数据审核、查询统计、工作进度查询、单位名册、信息查询等功能，对本辖区清查单位相关数据进行审核、查询、统计和工作进度监督等。【数据审核】和【查询统计】2个功能与乡镇级业务管理员相同。本部分重点介绍【信息查询】功能。

【信息查询】功能主要是为县级及以上农业农村业务管理部门提供报表数据汇总查询、统计和辅助数据问题排查等的功能。县级及以上农业农村业务管理部门的业务管理员可查看本辖区工作进度、清查单位数量统计、农村集体经济组织全资企业台账及统计表、清产核资单位台账、明细表和汇总表及其与上一年数据的同期对比，以及资产负债表异常单位情况、表内数据规范性等，如图4-7所示。

图4-7 信息查询界面

# 第四节 农村政策与改革统计年报模块操作

统计年报模块提供了农业农村部政策与改革司统计年报数据录入、审核、提交、查询、统计等功能。对于农村集体经济组织来说，主要有填表的功能，用来填报本集体经济组织的统计年报报表数据；对于乡镇级业务管理部门来说，主要有填表、填报单位名册、信息查询等功能，用于填报本辖区统计年报汇总数据或代替下辖农村集体经济组织填报组织数据，以及对相关数据进行查

询统计等；对于县级及以上业务管理部门，主要是对本辖区提交的数据进行审核及补充填报本级数据。本部分将按照用户角色分类介绍主要的功能操作。

## 一、数据录入员填表操作

### （一）农村集体经济组织数据录入员填表操作

对于乡、村、组三级农村集体经济组织数据录入员来说，进入清产核资管理系统统计年报模块，在【填表】功能下，可以看到农村政策与改革统计年报报表内容。选择需要本级填报的报表，点击"编辑"，即可进行数据填报。所有报表填报完成后，点击"上报"按钮，提交至上级审核，如图4-8、图4-9所示。

图4-8　统计年报报表内容示例

图4-9　农村经济基本情况统计表填表界面

### （二）乡镇级业务管理部门填表操作

乡镇级业务管理部门工作人员可直接填报本级统计年报汇总数据，也可代替下辖农村集体经济组织填报政策与改革统计年报数据。

#### 1. 填报本级汇总数据操作

乡镇级业务管理部门用户进入清产核资管理系统统计年报模块，在【填表】功能下，选择【本级汇总报表】，界面显示需填报的报表内容，逐一选择报表，点击"编辑"，填报数据即可。所有报表数据填报完成后，点击"保存"完成数据录入操作。点击"上报"按钮，将数据上报至上级业务管理部门，完成数据填报任务，如图4-10所示。

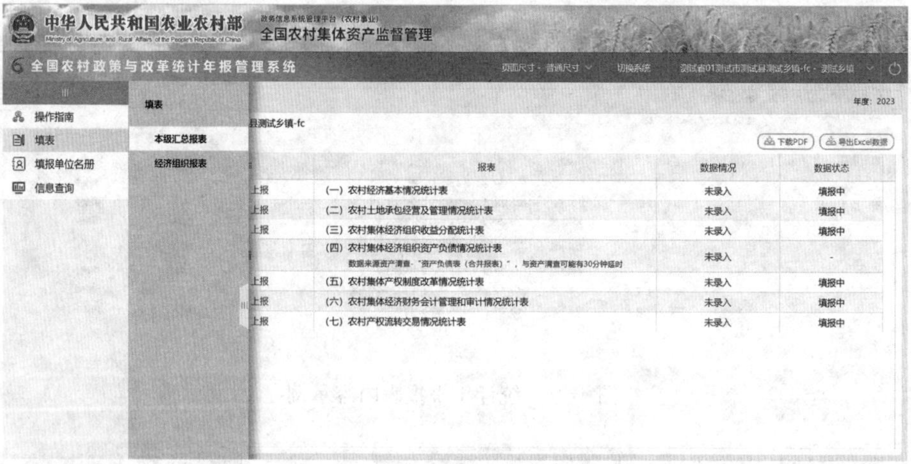

图4-10 统计年报本级汇总报表填报界面

在报表填报的界面，相关功能按键说明如图4-11所示。

"保存"：数据填报完成，并已经通过所有逻辑关系校验，保存数据，数据可上报。

"暂存"：数据填报未完成，暂时保存，下次登录系统时继续填报，数据没有经过逻辑关系校验，不可上报。

"提取汇总数"：若本辖区农村集体经济组织已全部完成本级数据填报，乡镇级可点击"提取汇总数"按钮，提取下级数据汇总数，并补充填报本级数据，填报完成后点击"保存"。

"清空"：将当前报表当前界面全部指标数值清空。

"补'0'"：将当前报表当前界面所有未录入数值的指标赋值"0"。

图 4-11 统计年报功能按钮界面

### 2. 代替农村集体经济组织填表操作

乡镇级业务管理部门用户进入清产核资管理系统统计年报模块,通过【填表—经济组织报表】功能,可代替下辖农村集体经济组织录入统计年报报表明细数据。

进入农村集体经济组织报表界面,选择需填报数据的农村集体经济组织,点击"报表数据"按钮,进入报表,如图 4-12 所示。点击"编辑"即可开始数据填报操作。逐一填报所有报表数据后,并点击"保存"按钮。

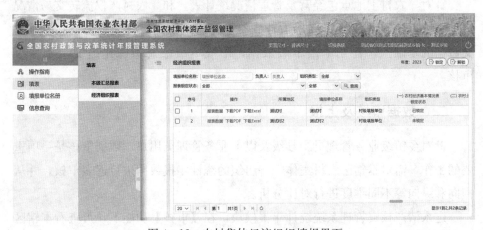

图 4-12 农村集体经济组织填报界面

完成所有统计年报报表数据填报后，选中所有农村集体经济组织，点击"锁定"按钮，将下辖农村集体经济组织的数据锁定，不允许修改，即可完成代替农村集体经济组织填报统计年报报表数据的操作，如图4-13所示。

图4-13　统计年报报表锁定操作界面

进入报表的界面，相关功能按钮说明如下。

"编辑"：进入某一农村集体经济组织的填报界面。

"锁定/解锁"：将某一农村集体经济组织的报表数据锁定，锁定后数据不能被该农村集体经济组织数据录入员进行修改操作。若需修改，需进行"解锁"操作。

### （三）县级及以上农业农村部门填表操作

针对《农村土地承包经营及管理情况统计表》和《农村产权流转交易情况统计表》，县级、地市级、省级农业农村业务管理部门工作人员，可在下级提交数据的基础上，补充填报本级数据，形成本级汇总数，并提交至上一级审核。

## 二、数据审核及上报

针对乡镇级业务管理员、县级及以上业务管理员用户，数据审核是一项重要的工作，需对本辖区农村集体经济组织的统计年报数据进行逐表审核，并从横向和纵向等不同维度进行对比分析。

进入清产核资管理系统统计年报模块，在【审核】功能下，可查看本辖区所有下级统计年报报表的明细情况，逐一审核所有报表数据。通过"退回修改"或"通过审核"按钮给出相应的意见，并提交至上一级。完成全部审核任务后，进入"填表"功能，补充填报本级各张报表汇总数，点击"上报"按钮完成数据审核及上报任务，如图4-14所示。

图 4-14 统计年报审核界面

## 三、信息查询

【信息查询】功能主要由乡镇级业务工作人员、县级及以上农业农村业务管理部门使用，可对本辖区农村政策与改革统计年报报表数据进行分类查询和统计，如针对地区的汇总表、农村集体经济组织的汇总表和明细表、同一报表数据的年度同期对比等，可为业务工作人员提供数据审核辅助支撑及不同条件下数据查询导出等服务，如图4-15所示。

图 4-15 统计年报信息查询界面

# 第五章

# 财务管理系统

# 第一节　功能定位和用户体系

## 一、功能定位

财务管理系统主要包括财务管理、资产管理、资金管理、合同管理和审批管理等模块，通过对农村集体经济组织的资金、资产、资源、收入、支出、合同等进行统一的核算、管理和监督，系统实现了从会计核算到资金审批的全业务流程管理。

## 二、用户体系

财务管理系统用户角色主要分为业务员、业务管理员、查询员和审批员等。其中，业务员主要是指农村集体经济组织的相关业务人员，如会计主管、会计员、出纳员、资产管理员、合同管理员等；业务管理员主要是指对本辖区财务管理工作进行管理的人员，例如各级农业农村业务管理部门负责财务管理业务工作的人员；查询员主要是指在财务管理系统中有权限查询相关数据的人员，如农村集体经济组织理事长、各级农业农村业务管理部门领导等；审批员主要是按照设置好的审批流程，对农村集体经济组织资金支出、合同等相关业务进行审批的人员。

### （一）县级及以上农业农村管理部门角色

县级及以上农业农村业务管理部门的角色主要是农村集体资产财务管理工作的业务管理员和数据查询员。详细角色说明如表 5-1 所示。

表 5-1　县级及以上农业农村业务管理部门角色说明

| 用户角色 | 用户功能 |
| --- | --- |
| 业务管理员 | 对本辖区农村集体经济组织财务账套类型及科目模板等进行基础设置和管理 |
| 查询员 | 对本辖区相关数据进行查询，仅可查询，不能修改 |

### （二）乡镇级用户角色

乡镇级业务管理部门的用户角色主要有业务管理员、查询员、审批员和会计主管等。详细角色说明如表 5-2 所示。

**表 5-2　乡镇级用户角色说明**

| 用户角色 | 用户功能 |
| --- | --- |
| 业务管理员 | 对本辖区农村集体经济组织财务账套类型、科目模板等进行基础设置和管理 |
| 查询员 | 对本辖区相关数据进行查询，仅可查询，不能修改 |
| 审批员 | 按照设置好的审批流程，对农村集体经济组织资金支出、资产购置、经济合同等相关业务进行审批 |
| 会计主管 | 对农村集体经济组织的账套进行管理 |

### （三）村级用户角色

农村集体经济组织在财务管理系统的功能角色主要有会计员、出纳员、资产管理员、合同管理员、会计主管和审批员等。详细角色说明如表 5-3 所示。

**表 5-3　村级用户角色说明**

| 用户角色 | 用户功能 |
| --- | --- |
| 会计员 | 负责农村集体经济组织日常的账务处理工作 |
| 出纳员 | 负责农村集体经济组织日常资金管理等工作 |
| 资产管理员 | 负责农村集体经济组织的资产登记等管理工作 |
| 合同管理员 | 负责农村集体经济组织的合同登记等管理工作 |
| 会计主管 | 对农村集体经济组织的账套进行管理 |
| 审批员 | 按照设置好的审批流程，对农村集体经济组织资金支出、资产购置、经济合同等相关业务进行审批 |

# 第二节　系统功能模块划分

财务管理系统功能较多，为了较好地查询所需功能，本节按照系统功能和用户角色分别对财务管理系统的功能进行划分。

### （一）按系统功能划分

财务管理系统主要有财务管理、资产管理、资金管理、合同管理、审批管理等模块。详细功能如表 5 - 4 所示。

表 5 - 4  系统功能划分说明（按系统功能划分）

| 功能模块 | 一级功能 | 描述 |
|---|---|---|
| 财务管理 | 科目模板管理<br>账套管理<br>会计核算<br>固定资产核算<br>会计账簿<br>会计报表<br>管理报表<br>预算管理 | 对科目进行统一设置，开展会计凭证记账等会计核算工作，对固定资产进行核算，汇总形成会计账簿和会计报表，具有预算管理及进度查询统计等功能 |
| 资产管理 | 资产购置申请<br>资产登记<br>事项申请<br>资产查询 | 对农村集体资产购置申请、登记、处置申请、查询等进行管理 |
| 资金管理 | 资金支付申请<br>账户维护<br>收支管理<br>票据管理<br>数据统计 | 对资金支出进行申请，对本单位账户及相关账户进行维护，对收入支出进行管理，对票据进行管理，对相关数据进行统计等 |
| 合同管理 | 合同登记<br>合同维护<br>合同查询<br>履约管理<br>基础设置 | 对合同登记、维护、查询等进行管理 |
| 审批管理 | 审批中心<br>审批角色<br>流程管理<br>数据授权 | 对各模块有关审批工作进行统一管理，如各模块提交的申请统一的审核入口及管理审批角色、流程配置等 |

## （二）按角色操作划分

财务管理系统功能按照用户角色划分如表 5 - 5 所示。

表 5−5　系统功能划分说明（按用户角色划分）

| 角色 | 功能模块 | 系统功能 |
| --- | --- | --- |
| 会计员 | 财务管理、审批管理 | 开展凭证记账等会计核算、固定资产核算、制作会计报表及预算编制等，并查看审批事项申请进展 |
| 出纳员 | 资金管理、审批管理 | 对资金收支、票据等进行管理和查询统计，并查看审批事项申请进展 |
| 资产管理员 | 资产管理、审批管理 | 对资产购置申请、登记、处置申请、查询等进行管理，并查看审批事项申请进展 |
| 合同管理员 | 合同管理、资金管理、审批管理 | 对合同登记、维护、支付、查询等进行管理，并查看审批事项申请进展 |
| 会计主管 | 财务管理、审批管理 | 对账套进行管理、对凭证进行审核、对报表进行查询及相关基础设置等，并查看审批事项申请进展 |
| 审批员 | 审批管理 | 对资金支出、合同签订、资产购置处置等进行审批 |
| 查询员 | 财务管理、资金管理、资产管理、合同管理 | 对相关数据进行查询 |
| 业务管理员 | 财务管理、合同管理、审批管理 | 对本辖区会计科目模板、合同模块审批流程等相关业务进行统一设置 |

# 第三节　财务管理模块操作

财务管理模块主要包括会计科目模板管理、账套管理、会计核算、固定资产核算、会计账簿、会计报表、管理报表、预算管理等功能。

## 一、科目模板管理

【科目模板管理】功能主要适用于有本辖区统一会计科目的地区，由省级、地市级、县级、乡镇级业务管理员在系统中设置统一会计科目。进入【财务管理—科目模板管理】功能，如图 5−1 所示，界面展示了根据《农村集体经济组织会计制度》设定的系统初始化启用的 1 级会计科目模板。业务管理员可基于初始化模板维护本辖区的 2 级、3 级、4 级会计科目模板，便于基层用户在统一的模板基础上展开会计核算工作。

图 5-1　新增科目模板界面

## 二、账套管理

【账套管理】的功能主要由会计主管使用，旨在为农村集体经济组织开设新的账套，设置账套基础信息、会计期间、科目结构、凭证结构等信息。

会计主管在"新建账套"界面，填写账套名称、账套所属组织、账套类型等基础信息；设置会计期间并生成会计期间；按照实际业务情况，设置 2 级、3 级、4 级科目等信息。创建并设置好账套相关信息之后，点击"启用"按钮，即可进行日常会计核算工作，如图 5-2 所示。

图 5-2　新增账套操作界面

会计主管可通过【账套管理—基础设置】功能在设置好的会计科目下添加下级科目，配置本辖区统一的会计科目，如图5-3所示。

图5-3　会计科目维护操作界面

## 三、会计核算

【会计核算】功能主要由会计员、会计主管使用，主要作用是按照《农村集体经济组织会计制度》要求，开展本集体经济组织相关账务核算等工作，包括科目余额初始化，会计凭证的创建、查询、审核、入账等操作及财务期末处理等。

### 1. 科目余额初始化

会计员进入财务管理系统，通过【会计核算—科目余额初始化】功能，进入科目余额初始化界面，点击会计科目后面的"⊕"按钮，出现添加下级预制科目的界面，按照实际业务情况录入科目名称，如图5-4所示。

在明细科目下录入或下载模板填写后导入期初余额、年累计借/贷方、年初余额等数据，点击"暂存"按钮，再点击"试算平衡"，系统提示检测通过后，点击"完成初始化"按钮，完成账套余额初始化操作，如图5-5所示。

图 5-4 添加下级预制科目界面

图 5-5 科目余额初始化示例

## 2. 创建凭证

会计员进入系统，通过【会计核算—创建凭证】功能，进入创建凭证界面，按照实际发生的业务，录入凭证内容，点击"保存并提交"即可，如图 5-6 所示。

图 5-6　凭证录入示例

【常用凭证收藏】：可以将当前凭证的内容收藏为常用凭证，作为凭证模板。在凭证录入窗口的左上角，点击"收藏模板"按钮，系统弹出"常用凭证收藏"窗口，输入常用凭证名称，点击"保存并关闭"即可，如图 5-7 所示。

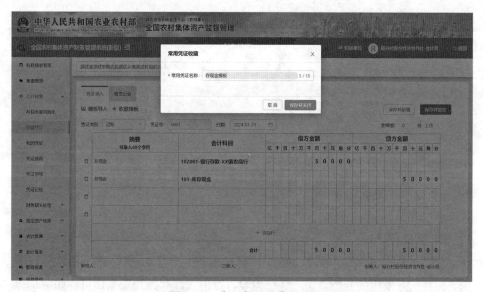

图 5-7　常用凭证收藏界面

【常用凭证选择】：可以将收藏的常用凭证导入当前凭证录入界面，快速完成经常需要录入的会计凭证的制单。在凭证录入窗口的左上角，点击"模板导入"按钮，系统弹出"常用凭证选择"窗口，勾选需要录入的凭证，点击"确认"，返回"凭证录入"页面，并自动带出相关凭证的摘要、会计科目、借/贷方金额。根据实际业务情况，修改金额等相关内容后，点击"保存并提交"即可，如图5-8所示。

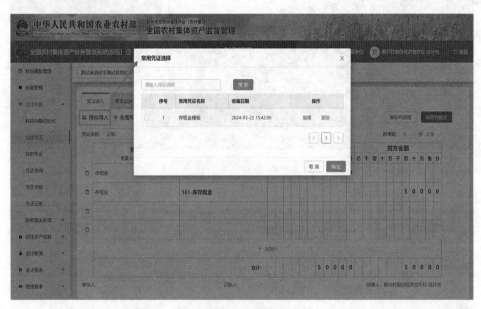

图5-8　凭证模板导入示例

【上传原始凭证】：在会计凭证制单页面，点击页面右上方的"上传"按钮，系统弹出"上传原始凭证"窗口，点击"上传原始凭证"按钮，选择对应文件，确认后保存对应的附件，并关闭页面，即可完成原始凭证上传工作，如图5-9所示。

**3. 我的凭证**

会计员进入系统，通过【会计核算—我的凭证】功能，进入凭证界面，可查看本人账号下录入凭证的详细信息，并进行编辑、修改或删除操作，可部分或全部选中凭证，点击右上角"提交审核"按钮，进入下一步审核阶段。当凭证出现断号时，可以点击"断号重排"按钮，完成断号凭证重新排序的操作，如图5-10所示。

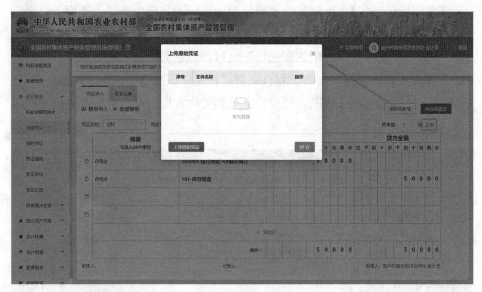

图 5-9 上传原始凭证示例

图 5-10 我的凭证页面示例

**4. 凭证查询**

查询员、会计员或会计主管角色的用户进入系统，通过【会计核算—凭证查询】功能，可对本集体经济组织会计凭证进行查询和打印，如图 5-11 所示。

**5. 凭证审核**

会计主管进入财务管理系统，通过【会计核算—凭证审核】功能，进入凭证审核界面，如图5-12所示。

图5-11 凭证查询页面

图5-12 凭证审核页面

"通过"/"批量通过"：对单条或多条待审核的会计凭证进行审核。勾选一条或多条待审核的会计凭证，点击凭证审核列表页面右侧的"通过"或"批量通过"按钮，系统弹出确认对话框，点击"确认"，确认后凭证的状态更新为"审核通过"，即可完成对凭证的审核，并记录对应的审核人，如图5-13所示。

"退回"：点击"退回"按钮，审核人输入对应的退回原因，确认后即可退回该凭证。在【凭证查询】功能中，退回凭证的状态更新为"已退回"，如图5-14所示。

图 5-13 凭证审核通过页面

图 5-14 凭证退回页面

### 6. 凭证记账

会计员进入财务管理系统，通过【会计核算—凭证记账】功能，进入凭证记账界面，如图 5-15 所示。

图 5-15 凭证记账页面

"记账"/"批量记账":勾选一条或多条待记账会计凭证,点击凭证记账列表页面"记账"或"批量记账"按钮,系统弹出确认对话框,点击"确认",即可完成对凭证的记账。此时凭证的状态更新为"已入账",并记录对应的记账人,并将对应的会计凭证登记到对应的总账、明细账账簿中。

"取消记账":勾选多条"已入账"的凭证,点击"取消记账"按钮,系统弹出确认对话框,点击"确认",即可完成对凭证取消记账的操作。取消记账后,系统会将这些凭证数据从账簿中删除。

"退回修改":勾选待记账会计凭证,点击凭证记账列表页面"退回修改"按钮,在【我的凭证】功能中,可以编辑退回的会计凭证。

"自动记账":若将"自动记账"按钮功能点开,则表示针对当前账套审核通过后的凭证会自动记账。

### 7. 财务期末处理

(1)科目结转

会计员进入财务管理系统,通过【会计核算—财务期末处置—科目结转】功能,点击"启用"按钮,启用结转规则,进行科目结转操作,如图5-16所示。

图5-16 结转规则启用界面

【新增结转规则】:用户可根据实际业务情况,新增结转规则。点击"新增结转规则"按钮,系统弹出新增窗口,在页面中选择凭证类型、输入摘要、转出科目、转入科目、生成方式等信息,点击"保存"即可,如图5-17所示。

【运行规则】:选择对应的结转规则(支持多选),点击此按钮,系统运行配置的结转规则,并生成对应的会计凭证。

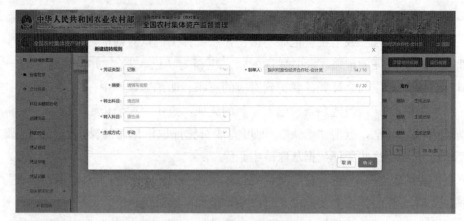

图 5-17　新增结转规则示例

【生成记录】：记录当前结转规则的生成情况，并关联对应的凭证号。

（2）期末结转

完成当期所有凭证业务后，通过【期末结转】功能把各会计科目本期余额带到下一期作为期初余额，继续开展下一期间账务处理，如图 5-18 所示。

图 5-18　期末结转界面

【结账】：通过【会计核算—财务期末处理—期末结账】功能，进入会计月结页面，勾选需月结的会计月份，点击"结账"按钮，提示"确认要月结吗?"，点击"确定"按钮，该月的会计月结状态由"未月结"变为"已月结"。

【反结账】：通过【会计核算—财务期末处理—期末结账】功能，进入会计月结页面，勾选需反月结的会计月份，点击"反结账"按钮，提示"确认要反月结吗?",点击"确定"按钮,该月的会计月结状态由"已月结"变为"未月结"。

## 四、固定资产核算

### 1. 基础设置

会计员进入系统,通过【固定资产核算—基础设置】功能,点击"启用期间"版块,选择启用固定资产核算,选择启用期间,默认为当前会计期间,如图 5-19 所示。

图 5-19　固定资产基础设置界面

【资产类型】:完成固定资产核算的启用期间配置后,点击"资产类型"按钮,显示系统默认的资产分类,用户可在此基础上添加下级资产类型。点击"添加下级"按钮,录入类型内容,点击"保存"即可,如图 5-20 所示。

图 5-20　资产类型新增界面

新建资产类型卡片指标提示解释。

【类型编码】：录入对应的资产类型编码。

【资产类型】：录入对应的资产类型。

【净残值率】：根据对应的资产类型，录入对应的净残值率。

【折旧年限】：根据对应的资产类型，录入对应的使用年限。

【计量单位】：根据资产类别，录入相应的计量单位。

**2. 资产卡片初始化**

会计员可在【固定资产核算—资产卡片初始化】功能下对以前年度的资产进行录入。进入科目余额初始化界面，通过"新增"按钮直接在系统界面录入或"下载模板"填写完成后"导入"，进行资产卡片初始化的操作。如图 5－21 所示。

图 5－21　资产卡片初始化界面

【资产卡片新增】：点击"新增"按钮，进入固定资产余额初始化资产新增界面，录入"基本信息"，包括资产类型、资产名称、资产性质、数量、计量单位、资产来源、使用状态、入库日期、规格型号、资产坐落地、资产保管员等。数据填写完成后，点击"财务信息"，录入入账日期、资产原值、是否计提折旧、折旧方法、预计使用期数、净残值率、已累计折旧、已折旧期数、科目设置等。填写完成后，点击"资产图片"，上传资产附件。点击保存，点击"完成初始化"，即可完成资产卡片余额初始化操作，如图5-22所示。

图5-22　资产卡片初始化资产新增界面

### 3. 资产卡片

会计员可根据【固定资产核算—资产卡片】功能，新增资产卡片和创建凭证进行账务处理。

（1）新增资产卡片

会计员进入系统，进入【固定资产核算—资产卡片】功能，点击"手工新增"按钮，录入"基本信息"，包括资产类型、资产名称、资产性质、数量、计量单位、资产来源、使用状态、入库日期、规格型号、资产坐落地、资产保管员等，如图5-23所示。

数据填写完成后，点击"财务信息"，录入入账日期、资产原值、是否计提折旧、折旧方法、预计使用期数、净残值率、预计净残值、已累计折旧、已折旧期数、科目设置等。点击"资产图片"，上传资产附件，点击"保存并关闭"按钮，如图5-24所示。

（2）创建凭证

会计员进入系统，点击左侧菜单导航栏的【固定资产核算—资产卡片】功能，点击"创建凭证"按钮，进入记账界面，点击"提交"按钮，即可生成相应凭证，如图5-25所示。

图5-23　资产卡片新增界面

图5-24　固定资产核算财务信息界面

图 5-25　创建凭证界面

### 4. 价值调整

（1）新增资产变动卡片

会计员进入系统，点击【固定资产核算—价值调整】功能，点击"新增"按钮，进入调整界面，如图5-26所示。

图 5-26　价值调整新增界面

选择对应的资产编码，填入调整内容、调整日期、调整方向、调整金额、摘要、附件等信息。数据信息填写完成后，点击"保存"，完成资产价值调整操作，如图 5-27 所示。

图 5-27　固定资产价值调整明细界面

（2）创建凭证

会计员进入系统，点击【固定资产核算—价值调整】功能，点击"创建凭证"按钮，进入记账界面，如图 5-28 所示。

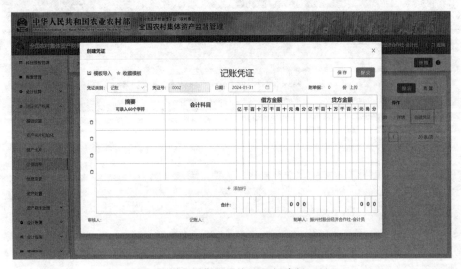

图 5-28　固定资产价值调整创建凭证界面

### 5. 信息变更

会计员进入系统，点击【固定资产核算—信息变更】功能，点击右上角"新增"按钮，进入信息变更界面，如图 5-29 所示。

图 5-29　固定资产信息变更界面

选择对应的资产编码，填入资产性质、是否计提折旧、资产科目等信息，点击"保存"，完成资产信息变更操作，如图 5-30 所示。

图 5-30　固定资产信息变更新增界面

### 6. 计提折旧

（1）计提折旧

会计员进入系统，点击【资产期末处理—计提折旧】功能，即可完成资产计提折旧操作，如图 5-31 所示。

图 5-31 计提折旧界面

（2）创建凭证

会计员进入系统，点击【资产期末处理—计提折旧】功能，点击"创建凭证"按钮，进入记账界面，如图 5-32 所示。

图 5-32 固定资产计提折旧新增凭证界面

### 7. 资产处置

（1）新增资产处置卡片

会计员进入系统，点击【固定资产核算—资产处置】功能，点击右上角

"新增"按钮，进入资产处置界面，如图 5-33 所示。

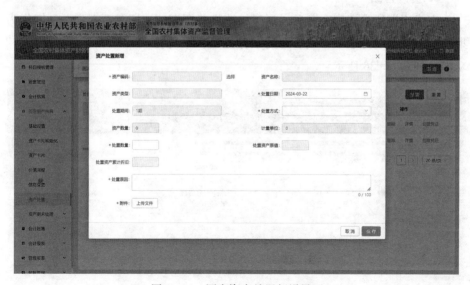

图 5-33　固定资产处置界面

选择对应的资产编码，填入处置日期、处置方式、处置数量、处置原因、附件等信息。信息填写完成后，点击"保存"，完成资产处置操作，如图 5-34 所示。

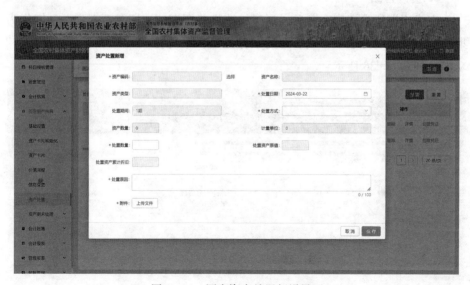

图 5-34　固定资产处置新增界面

（2）创建凭证

会计员进入系统，点击【固定资产核算—资产处置—创建凭证】功能，进入记账界面，如图 5-35 所示。

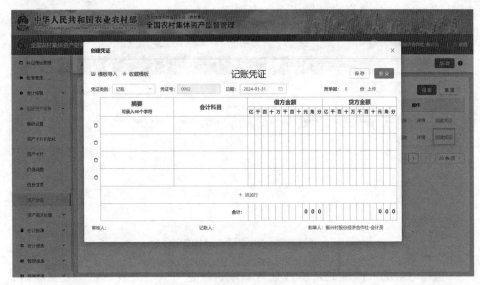

图 5-35 固定资产处置新增记账凭证界面

### 8. 资产月结

完成当期所有资产业务后，通过结账把各资产的本期余额带到下一期作为期初余额，继续开展下一期资产的账务处理。系统提供"月结"和"反月结"功能。如图 5-36 所示。

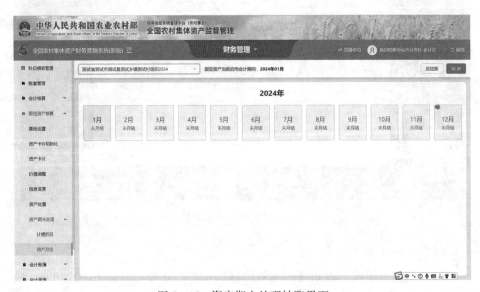

图 5-36 资产期末处理结账界面

## 五、会计账簿

会计员、会计主管、查询员角色的用户进入系统，通过【会计账簿】功能，根据实际的需要，按照权限可查询相应的账簿，也可以按条件进行检索，如图 5-37 所示。

图 5-37　会计账簿界面

## 六、会计报表

查询员、会计员、会计主管角色的用户进入系统，通过【会计报表】功能，根据实际需要，按照权限查询相应的报表，也可以按条件进行检索，具体页面如图 5-38 所示。

## 七、管理报表

会计员、会计主管、查询员角色的用户进入系统，可通过【管理报表】功能查询统计本集体经济组织或本辖区内农村集体经济组织的账套进度、凭证数量、资产卡片数量等信息，如图 5-39 所示。

图 5-38　会计报表界面

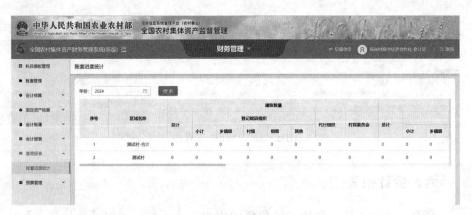

图 5-39　账套进度统计查询界面

## 八、预算管理

### 1. 事项申请

（1）预算编制

会计员进入系统，通过【预算管理—事项申请—预算编制】功能，进行预算编制。选择需编制预算的账套后，系统自动带出账套类型，选择预算年份、预算名称等，根据实际业务填写预算内容，完成后点击"提交"按钮。提交后审批员需要对"预算编制申请"进行审核。如图 5-40 所示。

图 5-40　预算编制操作界面

（2）我的申请

会计员进入系统，通过【预算管理—事项申请—我的申请】功能，查看提交的预算编制单状态，如图 5-41 所示。也可通过【预算调整】功能对预算进行调整。

图 5-41　我的申请操作界面

**2. 预算查询**

会计员、会计主管、查询员角色的用户进入系统，通过【预算管理—预算查询】功能，可查看审批通过的预算编制表，点击"执行详情"可进行查看，如图 5-42 所示。

图 5-42　预算查询界面

# 第四节　资产管理模块操作

资产管理模块主要包括资产购置申请、资产登记、事项申请、资产查询等功能，旨在对农村集体经济组织的资产进行全流程业务管理。资产管理员对资产进行购置申请、登记、处置申请及查询等操作，查询员对相关资产数据进行查询操作。

## 一、资产购置申请

资产管理员进入系统，通过【资产管理—资产购置申请】功能，点击"新增"按钮，填写购置申请信息，并按照预制流程提交审核，如图 5-43 所示。

图 5-43　资产购置申请界面

## 二、资产登记

农村集体经济组织资产管理员通过【资产管理—资产登记】功能，对资产进行登记。根据实际情况，选择对应的资产分类，如固定资产、生物资产等，点击"新增"，根据界面提示，依次录入资产类型、资产状态、品种、购置日期、数量、资产原值、资产来源等基础信息，并上传资产附件，点击"提交"按钮完成资产登记操作，如图 5-44 所示。在此功能下也可以对已经登记的相关资产进行明细维护。

图 5-44　资产登记新增界面

## 三、事项申请

资产登记员可通过【资产管理—事项申请】功能，对资产租赁、修缮、抵押及处置情况进行申请操作，填写相应的申请信息，按照预制流程提交至审核员审核，如图 5-45 所示。

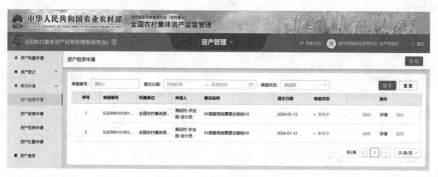

图 5-45　事项申请界面

## 四、资产查询

查询员进入财务管理系统，通过【资产管理—资产查询】功能，可以查看本辖区农村集体经济组织登记的集体资产，也可通过资产编号、资产状态、资产类型等条件对资产进行搜索查询，如图 5-46 所示。

图 5-46　资产查询界面

# 第五节 资金管理模块操作

资金管理模块主要包括资金支付申请、账户维护、收支管理、票据管理、数据统计等功能，分别由出纳员、查询员等角色用户使用。

## 一、资金支付申请

当农村集体经济组织有资金使用、投资、工程建设、采购服务等资金支出的情况时，由出纳员进入财务管理系统，通过【资金管理—资金支付申请】功能，进行资金支出申请操作。点击"新增"按钮，根据界面提示，填写资金支出申请相关信息，填写完成点击"提交"，如图5-47所示。按照预制流程提交至审核员审核。

图5-47 资金使用申请界面

### （一）资金使用申请

出纳员进入资金管理模块，通过【资金支付申请—资金使用申请】功能，点击"新增"按钮，进入资金使用申请新增页面，如图5-48所示。系统自动显示申请单号、申请单位、申请人、申请日期等信息，出纳员手动填入实际报账人、用款类型、是否关联合同、事项说明、收款账户信息等，根据实际情况选择结算方式，并上传附件资料，点击"提交"。提交后的申请会根据配置好的审批流程进入审批环节。通过"编辑""详情"和"删除"按钮，可对资金使用申请信息进行编辑、查看和删除等操作。

图 5-48　资金使用申请界面

### （二）投资申请

出纳员进入资金管理模块，通过【资金支付申请—投资申请】功能，点击"新增"按钮，进入投资申请新增页面，如图 5-49 所示。系统自动显示单据编号、申请单位、申请人、申请日期等信息，出纳员手动填入被投资单位、投资日期、投资项目、投资期限、投资类别、投资方式、事项说明等信息，并上传附件资料，点击"提交"。提交后的申请会根据配置的审批流程进入审批环节，出纳员可在【投资申请】页面查询该单据当前的审批情况。通过"编辑""详情"和"删除"按钮，可对投资申请信息进行编辑、查看和删除等操作。

### （三）工程建设申请

出纳员进入资金管理模块，通过【资金支付申请—工程建设申请】功能，点击"新增"按钮，进入工程建设申请新增界面，如图 5-50 所示。系统自动显示单据编号、申请单位、申请人、申请日期等信息，出纳员手动填入项目名称、工程类别、是否招投标、预算金额、事项说明等信息，并上传附件资料，点击"提交"。提交后的申请会根据配置的审批流程进入审批环节，出纳员可

图 5-49 投资申请界面

在【工程建设申请】页面查询该单据当前的审批记录。通过"编辑""详情"和"删除"按钮，可对工程建设申请信息进行编辑、查看和删除等操作。

图 5-50 工程建设申请界面

### (四) 采购服务申请

出纳员进入资金管理模块，通过【资金支付申请—采购服务申请】功能，点击"新增"按钮，进入采购服务申请新增页面，如图 5-51 所示。系统自动显示单据编号、申请单位、申请人、申请日期等信息，出纳员手动填入服务名称、服务类别、是否招投标、预算金额、事项说明等信息，并上传附件资料，点击"提交"。提交后的申请会根据配置的审批流程进入审批环节。出纳员可在【采购服务申请】页面查询该单据当前的审批记录。通过"编辑""详情"和"删除"按钮，可对投资申请信息进行编辑、查看和删除等操作。

图 5-51　采购服务申请界面

## 二、账户维护

农村集体经济组织出纳员可通过【资金管理—账户维护】功能对本集体经济组织单位账户、有收支关系的收款方账户等信息进行维护。

### （一）单位账户

出纳员进入资金管理模块，在【账户维护】功能下，根据实际业务情况，点击"新增非直连银行账户""新增备用金账户""新增其他账户"按钮，开展新增单位账户的相关操作，如图 5-52 所示。

### 1. 新增非直连银行账户

出纳员进入【账户维护—单位账户】界面，点击右上角"新增非直连银行账户"按钮，出现新增非直连银行账户界面，如图 5-53 所示，系统自动显示账套名称，出纳员依次录入所属银行、户名、卡号、开户行等必填信息，地址、备注选填，即可完成农村集体经济组织非直连银行账户的新增设置。

图 5-52　单位账户新增界面

图 5-53　新增非直连银行账户界面

新增非直连银行账户完成后，点击"更多""初始金额维护"按钮，录入该账户的初始金额，点击"保存"即可，如图 5-54 所示。

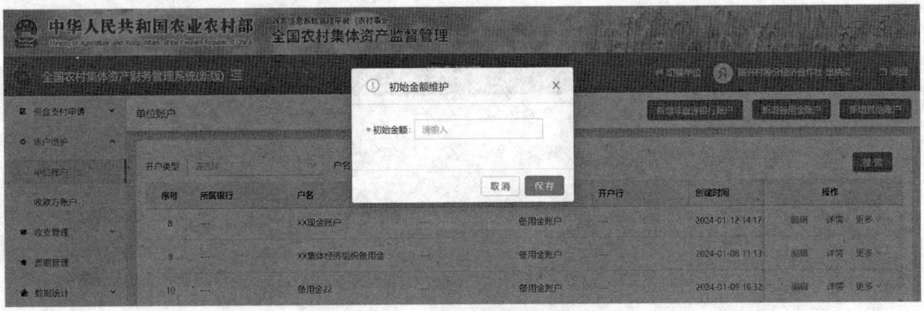

图 5-54　非直连银行账户初始金额录入界面

非直连银行账户界面按钮解释。

"编辑"：点击此按钮，可以编辑户名信息。

"详情"：点击此按钮，可查看账户信息。

"删除"：点击此按钮，系统提示"是否确认删除且删除后无法使用此账号进行交易的提示"。点击"继续"，可以删除该账户信息。

"销户"：当余额初始化修改成"0"时，出现此按钮。点击此按钮，可以进行销户。

"账户重启"：当完成销户操作后，出现此按钮。点击此按钮，可以进行账户重启。

**2. 新增备用金账户**

出纳员进入【账户维护—单位账户】界面，点击"新增备用金账户"按钮，出现新增备用金账户界面，如图 5-55 所示。出纳员需填入户名等必填信息，点击确定即可。

图 5-55  新增备用金账户界面

新增备用金账户操作完成后，点击"更多""初始金额维护"，可以录入该账户的初始金额，点击"保存"按钮完成操作，如图 5-56 所示。

图 5-56  新增备用金账户初始金额维护界面

### 3. 新增其他账户

出纳员进入【账户维护—单位账户】界面，点击"新增其他账户"按钮，进入新增其他账户维护界面，如图5-57所示。出纳员需填入户名等必填信息，点击确定即可。

图5-57 新增其他账户界面

新增其他账户完成后，点击"更多""初始金额维护"，录入该账户的初始金额，点击"保存"按钮完成操作，如图5-58所示。

图5-58 新增其他账户初始金额维护界面

### （二）收款方账户

出纳员在【账户维护—收款方账户】功能下，可新增有经济往来的收款方账户，录入所属银行、户名、卡号、开户行等信息，也可下载模板进行账户批量上传。通过"编辑""详情"和"删除"按钮，可对收款方账户信息进行编辑、查看和删除等操作，如图5-59所示。

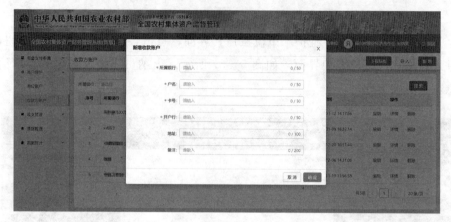

图 5-59　新增收款方账户界面

## 三、收支管理

【收支管理】功能主要是对农村集体经济组织的收款和支出情况进行登记管理，包括收款登记和付款登记 2 个子功能。

### （一）收款登记

当有收款发生时，出纳员进入【收支管理—收款登记】功能，点击"收款录入"按钮，进入收款登记页面，如图 5-60 所示。出纳员填入收款时间、收款方式、收款金额、交易摘要等信息，选择收款账户，并上传附件，点击"确

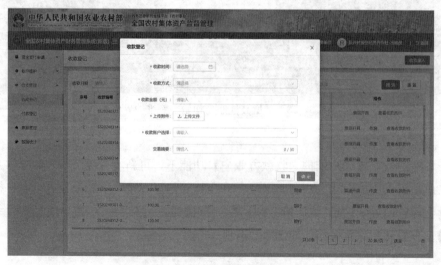

图 5-60　收款登记界面

认"即可对相关收款信息进行登记。

完成收款登记后，需要对收款业务进行票据开具登记。点击"票据开具"，填入票据类型、票据编号、票据号码，并上传票据附件，点击"确认"即可完成票据开具登记操作，如图5-61所示。

图5-61 票据开具界面

## （二）付款登记

当资金使用申请审批通过后，出纳员进入【收支管理—付款登记】功能，选择一条记录点击"支付清单"按钮，根据界面提示进行支付操作，如图5-62所示。

图5-62 付款登记界面

进入支付详情页面，点击"支付"按钮进行支付操作时，若是银农直连的农村集体经济组织，跳转对接银行支付页面，支付完成后系统可直接反馈"支付成功"或者"支付失败";若是非银农直连的农村集体经济组织,需要手动选择"支付成功"或者"支付失败",如图 5-63 所示。若选择"支付成功",进行支付成功登记,录入支付时间、支付方式、相关支付记录、账户选择等信息,点击"确认",支付状态更新为支付成功;若选择"支付失败",进行支付失败原因登记,点击"确定",支付状态更新为支付失败。

图 5-63  付款支付状态界面

## 四、票据管理

【票据管理】功能是农村集体经济组织出纳员对发票或票据进行入库和管理的功能。点击"票据入库"按钮,按照实际领取的发票或票据情况填写票据类型、票据编码、起始号段、结束号段等信息,点击"确定"即可完成票据入库操作,如图 5-64 所示。同时,出纳员可对入库票据进行修改、作废等管理操作。

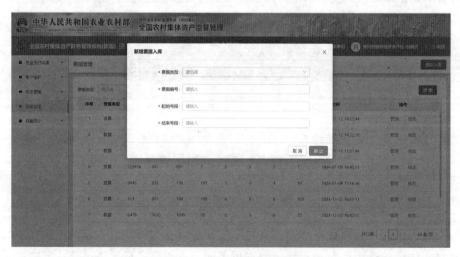

图 5-64  新增票据入库界面

## 五、数据统计

出纳员、查询员角色的用户，通过【数据统计】功能对本辖区农村集体经济组织的资金收支情况、支付记录、收款记录等进行统计查询。

按照不同的角色权限，可通过【收支日记账】功能查看集体经济组织发生的银行和现金收支明细，如图 5 - 65 所示。

图 5 - 65    收支日记账界面

通过【支付记录】功能查看资金支出审批通过后需要支付的相关记录，针对已支付的支持查看相关付款附件，未支付的会显示状态为"待支付"。通过【收款记录】功能查看相关收款情况。

# 第六节    合同管理模块操作

当农村集体经济组织有经济业务发生时，可通过合同管理模块开展合同登记和维护等。合同管理模块主要包括合同登记、合同维护、合同查询、履约管理、模板参考、基础设置等功能，主要由合同管理员和查询员使用。

## 一、合同登记

合同管理员通过【合同管理—合同登记】功能，点击"新增"按钮，对新增合同进行登记，填写合同基本信息、签约方信息、标的物信息和收款计划等，如图 5 - 66 所示。

"基本信息"：主要录入合同类型、名称、预签订日期、开始日期、结束日

图 5-66 合同登记界面

期、金额等信息，合同编码在合同登记完成后自动生成。

"签约方信息"：主要录入甲方名称、乙方名称、甲方代表人、甲方联系方式、乙方代表人、乙方联系方式等信息。

"标的物信息"：通过点击选择资产，标的物信息自动带出来。

"收款计划"：通过选择"新建行"或"按规则生成"按钮，按照合同录入预计收款日期、收款类型及合同年限，列出收款计划。

## 二、合同维护

【合同维护】功能主要是指合同登记完成后，执行过程中遇到续签或终止情况时，通过点击"续签"或"终止"按钮进行相关操作，如图 5-67 所示。

图 5-67 合同维护界面

### 三、合同查询

合同管理员、查询员进入【合同管理—合同查询】功能，对本集体经济组织或本辖区的合同信息进行查询，可通过合同编码、类型、状态等信息搜索相关合同。点击"详情"按钮可查看合同详情，如图5-68所示。

图5-68 合同查询界面

### 四、履约管理

【履约管理】功能是针对合同收款计划或者付款计划进行履约提醒的功能。

合同管理员通过【履约管理—合同收款】功能，可对即将收款的合同进行管理，及时与对方沟通，收取相关款项，如图5-69所示。

图5-69 合同收款界面

通过【履约管理—合同付款】功能，可对需要付款的合同进行管理，并进行相关支付操作，如图5-70所示。

图5-70　合同付款界面

# 第七节　审批管理模块操作

审批管理模块主要包括审批中心、审批角色、流程管理、数据授权等功能，主要由相关业务工作人员、审批员和业务管理员使用，在已配置好的审批流程下，对农村集体经济组织的资金、资产、合同等经济业务进行审批。

## 一、审批中心

【审批中心】是指在配置好的审批流程下，具有审批员角色的用户开展事项审批的功能，包括我的申请和待办已办2个子功能。

### （一）我的申请

业务工作人员点击【审批中心—我的申请】功能，进入我的申请列表界面，可对本账号发起申请的单据进行汇总查询。可查看已驳回、审核中、已通过、草稿等单据的详细信息，如图5-71所示。

### （二）待办已办

审批员通过【审批中心—待办已办】功能，进入待办已办列表界面，此页面展示当前用户需要审批操作的列表，包括资产事项申请、资金使用申请、财务预算申请、合同续签申请等事项审核。选择"待办"，可以看到该账户待办理的单据信息，点击"去处理"即可。选择"已办"，可以查看已经处理完成

图 5-71 "我的申请"界面

的审批单据信息，如图 5-72 所示。

图 5-72 待办已办界面

点击"去处理"按钮，进入待审批单据处理界面，可查看申请单据的详细信息，选择"同意"或"不同意"进行审批操作，填写备注信息及上传附件资料，如图 5-73 所示。

图 5-73 审核单据界面

## 二、审批角色

业务管理员按照业务流程要求，通过【审批角色】功能配置本辖区经济事项的审批角色。系统自动配置了基础版各审批环节流程使用的通用角色。业务管理员进入系统点击"新增角色"按钮，填写角色名称、角色描述等信息，根据实际业务新增审批角色，如图5-74、图5-75所示。

图5-74 审批角色界面

图5-75 新增角色界面

## 三、流程管理

业务管理员负责维护本辖区系统的【流程管理】功能。系统自动配置了基础版审批环节的通用流程。各级农业农村业务管理部门及农村集体经济组织可以根据实际业务操作流程，在遵循实际规章制度的前提下，通过【流程管理】功能设置下辖农村集体经济组织资金使用、资产购置、合同签订等经济业务审批流程。业务管理员可在【流程管理】功能下，开展审批流程新增、复制、编辑和启用等操作，如图 5-76 所示。

图 5-76　流程管理界面

### （一）审批流程新增

业务管理员点击【流程管理】功能，进入流程管理页面，点击右上角"新增"按钮，进入新增流程界面，填写表单选择、配置维度等信息。若选择"按区划"，勾选"本级及以下"选项，该条审批流程生效后，默认是本级和下辖区域均可使用；若选择"按类型"，则勾选"集体经济组织"选项，该条审批流程生效后，默认是对应勾选的农村集体经济组织范围内可使用。设置完成后点击"确认"即可，如图 5-77 所示。

图 5-77　流程管理新增流程界面

## （二）审批流程复制

当系统基础版审批流程不满足实际业务时，业务管理员可点击"复制"按钮，在系统当前的审批流程基础上生成一个新的审批流程单，通过快速调整形成新的适用于本辖区业务实际的审批流程，如图5-78所示。

图5-78　流程管理流程列表界面

## （三）审批流程编辑

选择一条审批流程，点击"编辑"按钮，可对审批流程进行编辑。进入审批流程编辑界面，按页面提示完成流程名称、流程描述、环节配置等各项信息的填写，点击"保存并重新发布"按钮即可，如图5-79所示。

图5-79　流程配置环节村审批流程示例

### （四）审批流程启用

农村集体经济组织或各级农业农村业务管理部门工作人员可以选择已经设置好的审批流程，点击"启用"按钮，即可使用新的审批流程，如图5-80所示。

图5-80　审批流程启用操作示例

## 四、数据授权

【数据授权】功能主要是为了解决同一用户负责多个农村集体经济组织的业务的便捷操作，为了减少用户登录系统的复杂度，增加此功能用于给用户进行数据授权。业务管理员进入系统，点击【审批管理—数据授权】功能，可查询到本辖区的用户数据，可以开展业务代管或审批角色授权操作，如图5-81所示。

图5-81　数据授权用户列表界面

# 第六章

# 登记赋码管理系统

## 第一节　功能定位和用户体系

### 一、功能定位

按照国家发展改革委制定的统一社会信用代码实施方案，通过建立农村集体经济组织统一社会信用代码登记赋码管理系统，辅助各级农业农村业务管理部门为农村集体经济组织开展赋码、打证等业务，赋予农村集体经济组织"特别法人"身份，能够规范开展业务。

登记赋码管理系统是由县级人民政府、农业农村行政管理部门对乡镇级、村级、组级农村集体经济组织进行设立登记、信息查询和统计等业务办理的系统，主要包括农村集体经济组织信息登记、赋予统一社会信用代码、《农村集体经济组织登记证》打印，以及农村集体经济组织登记信息变更、换证、注销等功能。

### 二、用户体系

登记赋码管理系统的用户体系包括县级农业农村业务管理部门和地市级及以上农业农村业务管理部门两类角色。详细角色说明如表 6-1 所示。

表 6-1　登记赋码系统用户体系

| 用户层级 | 用户角色 | 用户功能 |
|---|---|---|
| 县级农业农村业务管理部门 | 业务管理员 | 对农村集体经济组织的设立、变更、换证、注销等业务进行办理，对本辖区农村集体经济组织登记赋码情况进行查询和统计 |
| 地市级及以上农业农村业务管理部门 | 管理员 | 查询、统计本辖区农村集体经济组织登记赋码情况 |

## 第二节　登记赋码业务内容

本节根据《农业农村部　中国人民银行　国家市场监督管理总局关于开展农村集体经济组织登记赋码工作的通知》和《农业农村部办公厅关于启用农村

集体经济组织登记证有关事项的通知》要求，梳理农村集体经济组织登记赋码业务内容及流程如下。

## 一、登记赋码

农村集体产权制度改革后成立的新型农村集体经济组织，要及时到登记赋码管理部门办理相关登记赋码手续。按照《农业农村部 中国人民银行 国家市场监督管理总局关于开展农村集体经济组织登记赋码工作的通知》要求，农村集体经济组织在办理登记赋码时，要由全体成员指定的代表或委托代理人，到县级登记赋码管理部门如实填报《农村集体经济组织登记赋码申请表》，提供经县或乡（镇）人民政府批准成立的文件，成员大会或经成员大会授权的成员代表会议决议、成员名册、组织章程、法定代表人的身份证原件及复印件、住所证明等材料。

县级登记赋码管理部门要严格审核相关材料，符合条件的农村集体经济组织按规定程序赋予农村集体经济组织唯一的统一社会信用代码，并加载在《农村集体经济组织登记证》上，颁发《农村集体经济组织登记证》；对于申请材料不完整的，应责成农村集体经济组织在 15 个工作日内补充完善；对于不符合登记赋码条件的，应当给予书面答复。

## 二、换证赋码

已取得组织机构代码的农村集体经济组织，在办理换证赋码时要由全体成员指定的代表或委托代理人，到登记赋码管理部门如实填报《农村集体经济组织换证赋码申请表》，提供原组织登记证书（或证明书）正本、副本，原组织机构代码证书正本、副本、IC 卡，组织章程、法定代表人（负责人）身份证原件及复印件等材料。登记赋码管理部门逐一核对无误后，换发《农村集体经济组织登记证》，统一收回原组织登记证书（或证明书）、组织机构代码证书及IC 卡等。

## 三、变更登记

农村集体经济组织的名称、住所、法定代表人等原登记赋码事项发生变更时，要及时向登记赋码管理部门申请变更登记，并提交法定代表人签署的《农村集体经济组织事项变更申请表》和成员大会或成员代表会议做出的变更决议、修改后的组织章程等材料。农村集体经济组织修改组织章程，但未涉及登记事项的，要及时将修改后的组织章程报送登记赋码管理部门备案。

### 四、注销登记

拟申请注销登记的农村集体经济组织，须经成员大会表决通过，并经县级以上地方人民政府审核批准后，及时办理银行销户手续，向原登记赋码管理部门申请办理注销手续，交回《农村集体经济组织登记证》正本和副本、公章。

## 第三节　登记赋码模块操作

登记赋码管理系统提供了乡镇级、村级、组级农村集体经济组织的设立、变更、换证、注销等业务办理功能。本节以村级为例介绍农村集体经济组织登记、赋码、证书打印等功能的详细情况。

### 一、设立登记

【设立登记】功能是由县级农业农村部门业务管理员根据农村集体经济组织提供的材料，在登记赋码管理系统中录入农村集体经济组织基本信息、资产信息、改革信息等，校对无误后为该组织赋统一社会信用代码。点击【登记—村级业务—设立登记】功能，进入设立登记界面，如图 6-1 所示。

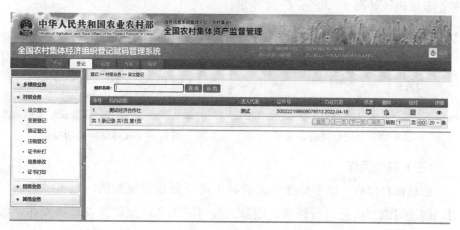

图 6-1　村级业务设立登记界面

## （一）新增

点击"新增"按钮，依据实际情况，录入农村集体经济组织登记证书名称、资产信息、改革时点量化资产信息、人员信息，点击"保存"按钮，保存数据，如图6-2所示。

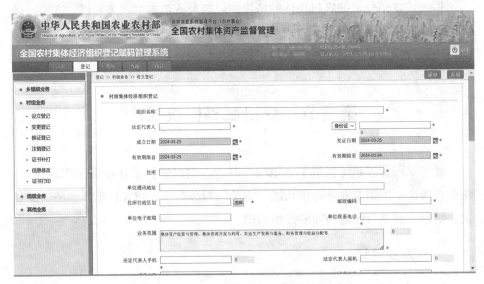

图6-2　村级集体经济组织登记界面

## （二）校对赋码

在完成信息录入并保存提交后，点击"校对赋码"按钮，完成机构的设立登记及赋码，如图6-3、图6-4所示。

图6-3　登记新增成功提示　　　　图6-4　校对赋码成功提示

## （三）其他操作

信息保存以后，由于特殊原因暂时不能进行校对赋码的，点击"返回"，可以继续对组织信息进行修改、删除、校对赋码和详细信息查看等操作，如图6-5所示。

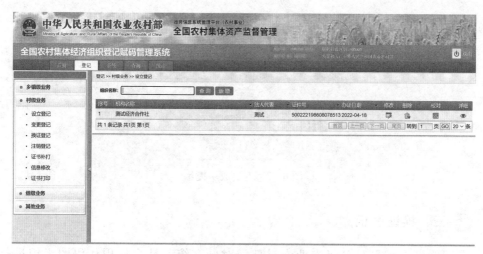

图 6-5　设立登记临时表界面

## 二、变更登记

【变更登记】是县级农业农村部门对已赋统一社会信用代码的农村集体经济组织进行修改变更操作的功能。点击【登记—村级业务—变更登记】功能，进入变更登记界面。输入统一社会信用代码、组织机构代码或机构名称，点击"查询"按钮，如图 6-6 所示。选中查询结果后，点击"操作"按钮，便可进入操作界面。

图 6-6　变更登记查询界面

修改要变更的信息，点击"提交更新"，进入变更成功页面，如图6-7所示。

图6-7　变更成功提示

### 三、换证登记

【换证登记】是县级农业农村部门对已有统一社会信用代码的组织进行换证操作的功能。点击【登记—村级业务—换证登记】功能，便可进入换证界面。输入统一社会信用代码、组织机构代码或机构名称，点击"查询"按钮。找到查询结果后，点击"换证"按钮，进入操作界面，如图6-8所示。

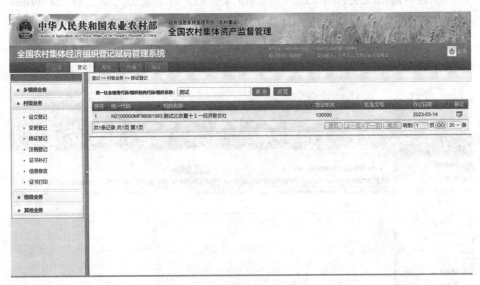

图6-8　换证登记查询界面

修改要换证的信息，点击"换证"按钮，进入变更成功页面；点击"返回"按钮，则返回到上一页面，如图6-9所示。

图 6-9 换证成功提示

## 四、注销登记

【注销登记】功能是县级农业农村部门对已赋予统一社会信用代码的组织进行注销操作的功能。点击【登记—村级业务—注销登记】功能，进入注销登记界面。输入统一社会信用代码、组织机构代码或机构名称，点击"查询"按钮，在要注销的组织后点击"操作"按钮，进入到操作界面，如图 6-10 所示。

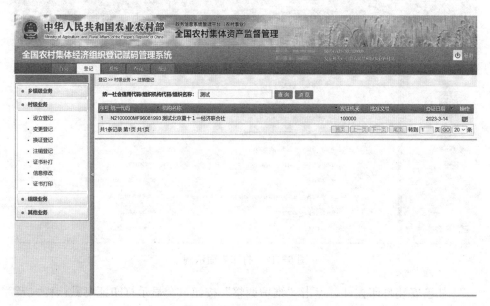

图 6-10 注销登记界面

输入注销批准文号，点击"注销"按钮，进入注销成功页面，如图 6-11 所示；点击"返回"按钮，则返回到上一页面。

图 6-11　注销成功提示

## 五、证书补打

【证书补打】功能是对已打印证书的农村集体经济组织进行证书补打的功能。点击【登记—村级业务—证书补打】功能，进入查询界面。输入统一代码，点击"查询"按钮，即可进入打印页面，如图 6-12 所示。

图 6-12　打印界面示例

如已安装打印控件，点击"维护调整"按钮，会显示打印证书默认样式及证书信息。调整文本框的位置、大小、字体类型等信息，点击"应用"按钮保存设置，返回打印页面，分别点击"打印正本""打印副本"按钮，即可完成证书打印，如图 6-13 所示。

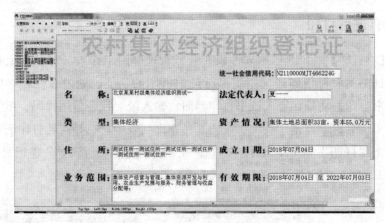

图 6-13　证书信息界面

## 六、信息修改

【信息修改】功能是对农村集体经济组织部分登记赋码信息进行修改的功能。点击【登记—村级业务—信息修改】功能，进入信息修改界面。输入统一社会信用代码、组织机构代码或机构名称，点击"查询"按钮，进入查询界面。在需要修改的组织后，点击"修改"按钮，进入到操作页面，如图 6-14所示。输入要修改的数据，点击"修改"按钮，提示修改成功表示完成信息修改操作。若修改信息涉及证书内容，则需要重新打印证书。

图 6-14　信息修改界面

## 七、证书打印

【证书打印】功能是县级农业农村业务管理部门工作人员对已登记赋码但未打印证书的农村集体经济组织进行证书打印的功能。通过【登记—村级业务—证书打印】功能，进入证书打印界面。输入统一社会信用代码、组织机构代码或机构名称，点击"查询"按钮。在查询列表中，选择需要打印证书的组织，点击"打印"按钮，即可打印输出《农村集体经济组织登记证》。如图6-15、图6-16所示。

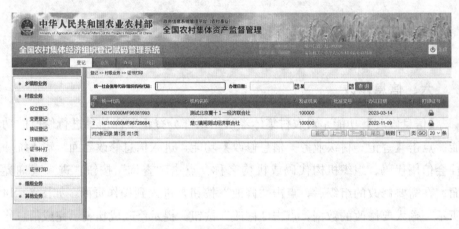

图6-15　证书打印界面

图6-16　证书打印信息界面

# 第四节 信息查询模块操作

登记赋码管理系统为县级及以上农业农村业务管理部门提供了按代码查询、按名称查询、多条件查询及数据导出有关信息查询的功能。

## 一、按代码查询

点击【查询—按代码查询】功能，进入按代码查询界面。输入统一社会信用代码，点击"查询"按钮，进入到农村集体经济组织查询显示页面，如图6-17所示。

图6-17 按代码查询界面

## 二、按名称查询

点击【查询—按名称查询】功能，进入按名称查询界面。用户输入组织名称，点击"查询"按钮，出现查询列表。选择需要查询的组织，点击"查看"按钮，进入查询页面。如图6-18、图6-19所示。

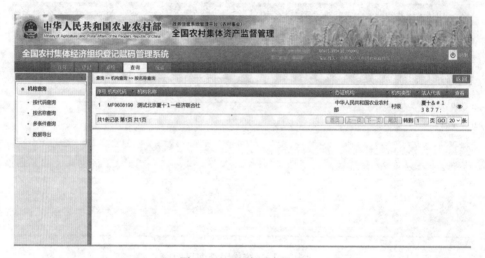

图 6-18　按名称查询界面

图 6-19　查询列表界面

## 三、多条件查询

【多条件查询】功能是根据自定义组合查询组织信息的功能。点击【机构查询—多条件查询】功能，进入多条件查询界面。输入查询条件，点击"查询"按钮，即可查看查询结果。若条件有误，可点击"重置"按钮，重置生成条件。在查询结果列表中，点击"查看"，即可查看组织信息。如图 6-20、图6-21、图 6-22 所示。

图 6-20　多条件查询界面

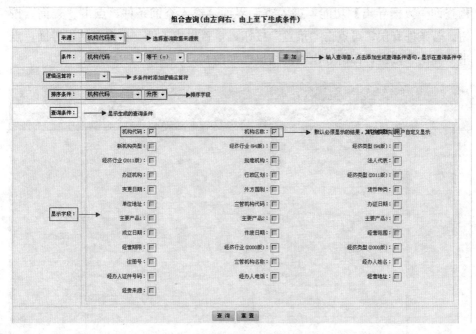

图 6-21　多条件查询指标界面

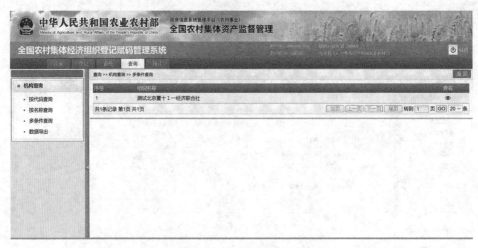

图6-22 多条件查询结果界面

## 四、数据导出

【数据导出】功能是将自定义组合查询的信息进行导出的功能。点击【机构查询—数据导出】功能，进入查询界面。输入查询条件，点击"查询"按钮。若条件有误，可点击"重置"按钮，重置生成条件。在查询结果界面，点击"导出"按钮，即可导出查询结果。如图6-23、图6-24所示。

图6-23 数据导出界面

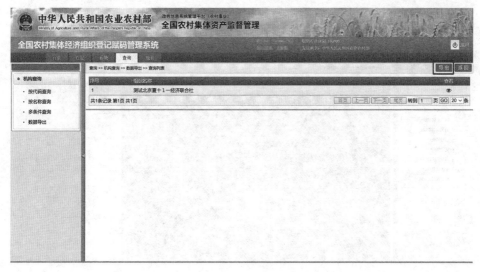

图 6-24　导出结果界面

# 第五节　数据统计模块操作

登记赋码管理系统为县级及以上农业农村业务管理部门提供按机构类型统计、按登记类型统计、代码库数据统计、日常业务统计、日常业务率统计、日业务统计、周业务统计、月业务统计、全国总量统计、登记赋码进度统计等数据统计的功能。

## 一、按机构类型统计

【按机构类型统计】功能根据机构类型对机构进行统计。点击【统计—办证业务统计—按机构类型统计】功能，便可进入按机构类型统计界面，如图 6-25 所示。

## 二、按登记类型统计

【按登记类型统计】功能是根据机构所属的经济类型对机构进行统计。点击【统计—办证业务统计—按登记类型统计】功能，进入按登记类型统计界面，如图 6-26 所示。

图 6-25　按机构类型统计界面

图 6-26　按登记类型统计界面

## 三、代码库数据统计

【代码库数据统计】功能是根据不同办证点统计机构在不同代码库中的数量进行统计。点击【统计—办证业务统计—代码库数据统计】功能，便可进入代码库数据统计界面，如图 6-27 所示。

图 6-27 代码库数据统计界面

## 四、日业务统计

【日业务统计】功能是按天统计办证点办理业务的数量。点击【统计—办证业务统计—日业务统计】功能，便可进入日业务统计界面，如图 6-28 所示。

图 6-28 日业务统计界面

## 五、周业务统计

【周业务统计】功能是按周统计办证点办理业务的数量。点击【统计—办证业务统计—周业务统计】功能，便可进入周业务统计界面，如图 6-29 所示。

图 6-29　周业务统计界面

## 六、月业务统计

【月业务统计】功能是按月统计办证点办理业务的数量。点击【统计—办证业务统计—月业务统计】功能，便可进入月业务统计界面，如图 6-30 所示。

图 6-30　月业务统计界面

## 七、登记赋码进度统计

点击【统计—办证业务统计—登记赋码进度统计】功能，进入登记赋码进度统计界面，以下一级行政区划为统计单位，辅助各级农业农村业务管理部门查询统计本辖区登记赋码、证书打印等进展情况，及时掌握进度。

# 第七章

# 信用信息系统

# 第一节　功能定位和用户体系

## 一、功能定位

信用信息系统是基于清产核资管理系统、登记赋码管理系统、产权管理系统、财务管理系统等各业务系统数据，设定评价指标，建立评价模型和信息预警规则，对农村集体经济组织的信息数据进行采集、评级和监测预警，形成一套针对农村集体经济组织运行状况的指数体系，以及组织画像和信息档案，辅助农村集体经济组织规范运行和发展。同时，该系统为各级农业农村业务管理部门提供了对本辖区农村集体经济组织信息档案和运行指数等相关数据的查询、统计和分析功能。

## 二、用户体系

信用信息系统的用户体系包括农村集体经济组织和各级农业农村业务管理部门两类角色。详细角色说明如表7-1所示。

表7-1　信用信息系统用户体系角色说明

| 用户层级 | 用户功能 |
| --- | --- |
| 农村集体经济组织 | 查看本集体经济组织的信息档案和运行指数情况、补录相关信息 |
| 各级农业农村业务管理部门 | 查询、统计本辖区农村集体经济组织信息档案和运行指数情况 |

# 第二节　信用信息系统功能操作

## 一、农村集体经济组织用户角色功能

农村集体经济组织用户可通过信用信息系统的【基本信息】功能或【信息档案】功能，查看本集体经济组织的信息档案和运行指数情况，如图7-1

所示。

图 7-1  农村集体经济组织基本信息界面

## 二、查询统计功能

【信息档案管理】功能是各级农业农村业务管理部门业务管理员对农村集体经济组织的信息档案进行查询和统计分析的功能，包括信息档案查询和信息档案统计 2 个子功能，如图 7-2 所示。

图 7-2  信用信息系统信息档案管理界面

其中,【信息档案查询】功能是县级及以上农业农村业务管理部门业务管理员通过条件筛选组织名称等信息对区域内的组织进行筛选查询并查看对应组织的评分、等级等情况报告;【信息档案统计】功能是展示本区域农村集体经济组织的相关信用信息统计情况。

# 第八章

# 数据服务系统

# 第一节　功能定位和用户体系

## 一、功能定位

数据服务系统是全国农村集体资产监督管理平台数据应用与分析的系统，通过与产权管理、清产核资、登记赋码、财务管理和信用信息等各业务系统的集成联通，利用可视化技术将原本静态的数据转化为直观的图表，实现数据的动态查看与分析。数据服务系统主要包括数据查询、分析、统计、组织画像、接口目录等模块，如图8-1所示。

图8-1　数据服务系统功能模块界面

## 二、用户体系

数据服务系统的用户体系为农村集体经济组织用户或各级农业农村业务管理部门用户。根据用户不同的系统权限设置数据服务系统的使用权限，使用户通过该系统对本辖区农村集体资产数据情况进行联动分析和查询统计。

# 第二节　数据服务系统功能操作

## 一、首页

首页界面主要汇总展示产权管理、清产核资管理、登记赋码管理以及财务管理等主要分析信息，包括资产总量、资产结构、资产变化、资产风险、财务状况等指标情况。可在地图页面右上角进行年份切换，查询不同年度的数据。同时也可在地图上向下钻取，查看不同区域内的相关数据，具备数据联动的功能，如图8-2所示。

图8-2　数据服务系统首页界面

## 二、查询模块

在查询模块，可根据表中的字段通过拖动操作生产自定义表格，包括产权管理查询、清产核资查询、登记赋码查询等功能。用户可以根据不同的条件和维度进行数据的筛选和排序。以【产权管理查询】功能为例，进入查询界面，选择需要查询的报表，在表格"操作"列处，点击对应行"详情"按钮，如图8-3所示。

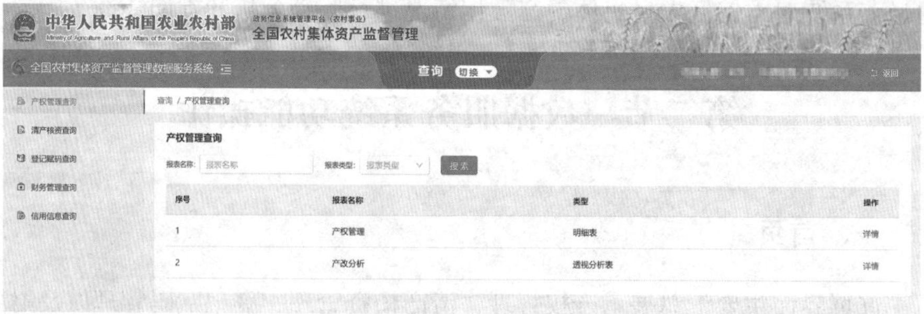

图8-3　查询界面

点击"详情"后，进入报表查询详情页面。该页面分为选择面板区、报表展现区和工具栏3个区域。用户可在3个区域中对查询信息进行字段选择、对数据进行过滤、对报表表头进行设计、对数据进行预警规则设置等自定义设置，以及对数据分类汇总查询，如图8-4所示。

图8-4　报表详情界面

## 三、分析模块

分析模块主要通过汇集其他业务系统的数据，在资产风险、农村低收入、财务管理、份额（股份）管理及GIS专题等方面进行主题分析，并进行不同维度的对比分析。用户可以根据不同的指标和图表进行数据的查看和比较。

### （一）资产风险监测分析

【资产风险监测分析】功能重点从农村资产角度进行分析，包括资产结构分析、资产处置分析、在修工程分析、资产折旧分析等。以【资产结构分析】功能为例，点击【资产风险监测分析—资产结构分析】功能，进入资产结构分析查看界面，如图8-5所示。

结合数据情况，对数据进行区域资产分析、区域资产总计TOP20、资产占比分析、资产增长分析、长期资产分析、固定资产分析、农业资产分析、流动资产分析等专题分析，如图8-5、图8-6所示。

图 8-5　资产结构分析界面一

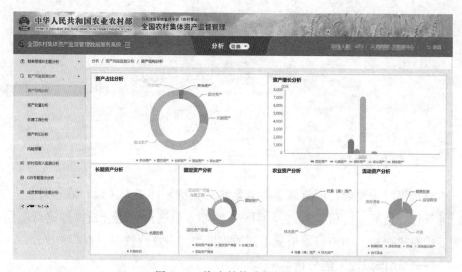

图 8-6　资产结构分析界面二

## （二）农村低收入监测分析

【农村低收入监测分析】功能重点从低收入区域进行分析，包括低收入区域分析、收入构成分析、资产分析、集体经济组织分析、人员结构分析等。以【低收入区域分析】功能为例，点击【农村低收入监测分析—低收入区域分析】功能，进入农村低收入监测分析查看界面，如图 8-7 所示。

结合数据情况，对低收入村数的区域分布、区域经营收益 TOP20、总收入占比分析、总支出占比分析、总收入 TOP20、总支出 TOP20、集体经济运营情况等进行专题分析，如图 8-7、图 8-8 所示。

图 8-7　低收入区域分析界面一

图 8-8　低收入区域分析界面二

### （三）GIS 专题展示与分析

【GIS 专题展示分析】功能和 GIS 地图联动，通过定位地图区域信息，分析和展示相关报表信息，包括清产核资、财务管理、产权管理、登记赋码、信用信息 GIS 专题图。

以清产核资 GIS 专题图为例，该专题对接清产核资管理系统数据，展示各区域资产相关信息。点击【GIS 专题展示分析—清产核资 GIS 专题图】功能，进入清产核资 GIS 专题图查看界面。点击"可视化报表"按钮或者右侧"报表"，可查看对应区域的报表详情，如图 8-9、图 8-10 所示。

图 8-9　清产核资 GIS 专题界面

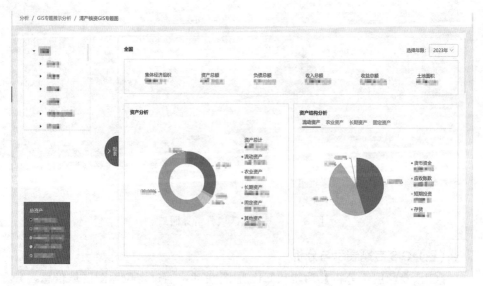

图 8-10　可视化报表界面

### （四）财务管理 BI 主题分析

【财务管理 BI 主题分析】依据财务管理系统同步的数据，通过可视化图表实现数据的分析，包括资产分析、负债分析和收入分析。以【资产分析】功能为例，点击【财务管理 BI 主题分析—资产分析】功能，查看从资产角度进行数据的展示分析，如图 8-11 所示。

图 8-11　财务管理 BI 主题分析界面一

结合数据情况，可进行区域资产总计分析、资产占比分析、资源性资产占比分析、区域资产总计 TOP20、区域资源性资产总计 TOP20、资产增长分析等专题分析，如图 8-12 所示。

### （五）成员管理 BI 主题分析

成员管理 BI 主题分析对接产权管理系统，从农村集体经济组织成员角度进行数据的展示分析，包括持有份额（股份）人员分析、收益分配分析和股份流转分析。

以【持有份额（股份）人员分析】功能为例，点击【成员管理 BI 主题分析—持有份额（股份）人员分析】功能，进入查看界面，如图 8-13 所示。

结合数据情况，可进行持有份额（股份）人员分布情况、量化资产分布情况、持有份额（股份）人员结构、量化资产结构、区域持有份额（股份）人员

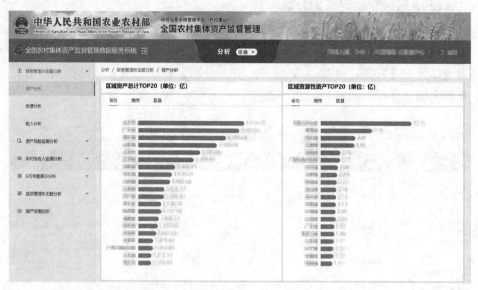

图 8-12　财务管理 BI 主题分析界面二

排行、区域量化资产排行、区域成员排行等专题分析，如图 8-13、图 8-14所示。

图 8-13　持有份额（股份）人员分析界面一

图 8-14 持有份额（股份）人员分析界面二

## 四、统计模块

统计模块主要对各类数据进行汇总统计，包括清产核资统计、产权管理统计、登记赋码统计等功能。用户可以根据不同的层级和时间进行数据的汇总和统计。以【清产核资统计】功能为例，点击【清产核资统计】功能，进入清产核资数据统计界面，可按照区域和时间展示对应的清产核资情况，如图 8-15 所示。

图 8-15 清产核资统计界面

【清产核资统计】查询页面分两部分内容：一部分是农村集体资产清查数据统计，另一部分是农村政策与改革统计年报的数据统计。用户可通过切换的方式查看不同的数据，可查看具体区域内农村集体经济组织的资产、负债、总收入、总支出等情况。在操作列下点击"详情"按钮可查看具体农村集体经济组织的清产核资情况。

## 五、组织画像模块

组织画像模块主要对农村集体经济组织的基本信息、成员情况、收益情况、份额（股份）情况、负债情况、资产情况、土地承包经营情况、财务管理与审计情况等进行整合分析，生成农村集体经济组织的画像报告，包括组织信息分析、组织成员分析、股份分析、资产分析、负债分析、收益分析、土地承包经营分析、财务管理与审计分析等功能。农村集体经济组织和各级农业农村业务管理部门可通过宏观和微观分析，根据不同的维度和指标进行数据查看和下载。

以【组织信息分析】功能为例，点击【组织画像—组织信息分析】功能，该页面重点分析各区域农村集体经济组织情况，包括各区域的组织数量、成员数量、集体土地面积等，如图8-16所示。

图8-16　组织信息分析界面

可切换"宏观分析"和"微观分析"查看不同的信息。宏观分析主要是各指标数据的汇总展示及分布分析，微观分析具体到单个农村集体经济组织的数据分析。在微观分析中可查看具体组织的详情信息，包括成立日期，组织级别等内容。点击"查看详情"按钮可跳转至对应的明细页面，在明细页中可查看该组织详细的成员名册信息、持有份额（股份）人员信息、折股量化方案等。

# 第九章

# 移 动 端

# 第一节　功能定位和用户体系

## 一、功能定位

为便于用户移动化办公，全国农村集体资产监督管理平台提供了微信小程序和 App 等移动端产品，其功能与 PC 端是一致的。移动端主要包括清产核资、产权管理、组织管理、资产财务等数据信息的查询功能，对农村集体经济组织财务管理事项的申请和审批功能，农村集体经济组织信息公开功能等。移动端通过与 PC 端的数据同步，可以实现对农村集体资产数据的便捷高效操作和管理。

## 二、用户体系

移动端的用户体系包括农村集体经济组织成员、农村集体经济组织、各级农业农村业务管理部门 3 类角色。详细角色说明如表 9－1 所示。

表 9－1　移动端用户体系

| 用户层级 | 角色功能 |
| --- | --- |
| 农村集体经济组织成员 | 查询自身成员权益和所在农村集体经济组织的基本信息 |
| 农村集体经济组织 | 与 PC 端权限一致 |
| 各级农业农村业务管理部门 | 与 PC 端权限一致 |

# 第二节　移动端功能操作

## 一、登录

以微信小程序为例[①]。用户可在微信上方搜索"全国农村集体资产监督管

---

① 注：微信小程序与 App 端用户操作一致。

理平台"小程序，选择对应的角色登录。系统登录页面如图9-1所示。

图9-1 微信小程序登录界面

### （一）农村集体经济组织成员登录

农村集体经济组织成员进入登录界面，输入姓名、身份证号码和验证码，按照提示进行人脸识别，验证真实身份后，即可登录。

### （二）业务管理员登录

农村集体经济组织和各级农业农村业务管理部门业务工作人员进入登录界面，输入账户、密码和验证码后，点击"登录"按钮进入平台，有关登录和数据权限的设置与PC端一致。

## 二、成员权益查询

农村集体经济组织成员通过移动端登录后，可查看自身成员权益和所在农村集体经济组织的基本信息，如图9-2所示。

## 三、业务管理员登录操作

农村集体经济组织和各级农业农村业务管理部门的业务工作人员进入移动端，可看到平台界面。界面显示平台最新的通知公告和各模块的快捷入口。点击公告标题可查看公告详情，点击各模块图标可进入对应功能页面，如图9-3所示。

图 9-2　农村集体经济组织成员权益查询界面

图 9-3　业务管理员登录首页

## （一）待办事项

待办事项模块主要针对审批员。具有审批角色的用户登录系统，可进入该模块查看当前待处理、已处理完成的事项申请列表。该模块支持农村集体经济组织或者乡镇相关管理部门对农村集体经济组织的经济交易事项进行审批，使移动办公审批操作便捷化，同时也能对代办事情进行消息提醒，如图9-4所示。

图9-4　待办事项详情界面

### （二）用款申请

农村集体经济组织发生经济交易事项支付时，经办人可通过移动端【用款申请】功能发起用款申请，如图9-5所示。提交的信息将同步至业务系统审批列表，由具有权限的审批员对事项进行审批操作。

### （三）清产核资查询

清产核资查询模块主要是对清查单位名册、资产清查数据、统计年报数据等进行查询，如图9-6所示。

### 1. 单位名册查询

点击【清查单位名册】功能下的"查询"按钮，选择年份、区域2个查询条件，再点击"查询"按钮查看当前区域及年份下清查单位名册列表，如图9-7所示。也可按照单位填报类型、填报单位审核状态进行筛选。

图 9-5　用款申请界面

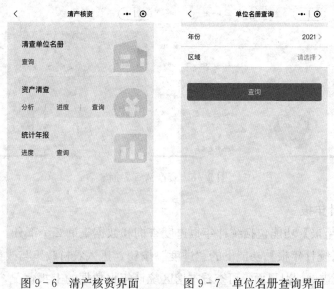

图 9-6　清产核资界面　　　图 9-7　单位名册查询界面

**2. 资产清查查询**

【资产清查】功能包括资产清查分析、资产清查进度和资产清查查询3个子功能。

点击【资产清查】功能下的"分析"按钮，进入【资产清查分析】界面。可通过顶部筛选条件，选择想要查看的年份和区域的资产、负债、所有者权益及资源性资产情况，如图9-8所示。

点击【资产清查】功能下的"进度"按钮，进入清产核资管理系统中上报当年数据的进展情况，可通过切换区域进行筛选查看，如图9-8所示。

点击【资产清查】功能下的"查询"按钮，进入【资产清查查询】界面。选择对应的年份、区域及报表数据，点击下方查询按钮，可将满足当前查询条件的数据进行展示，如图9-8所示。

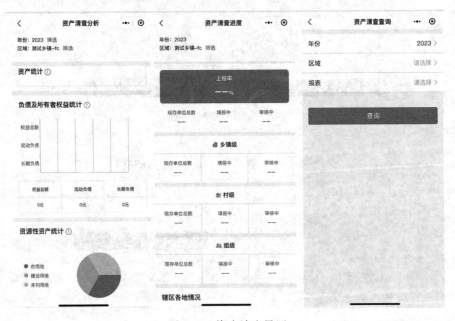

图9-8 资产清查界面

**3. 统计年报**

【统计年报】功能包括统计年报进度查询和数据查询2个部分。

点击【统计年报】功能下的"进度"按钮，进入农村政策与改革统计年报报表的上报进展情况界面，可查看本辖区统计年报数据的上报情况，如图9-9所示。

点击【统计年报】功能下的"查询"按钮，打开【统计年报查询】页面，选择对应的年份、区域及报表，点击下方查询按钮，可将满足当前选择的查询条件的数据进行展示，如图9-9所示。

图9-9 统计年报查询界面

## （四）产权查询

【产权查询】功能主要是对产权管理系统数据进行查询，包括农村集体经济组织成员的统计分析和查询、持有农村集体经营性资产收益分配权人员的份额（股份）配置的统计分析和查询、农村集体经济组织收益分配的统计分析和查询等，如图9-10所示。

### 1. 组织成员查询

【组织成员查询】功能主要是对农村集体经济组织成员信息进行统计分析和查询。进入组织成员的功能界面，可查看本辖区成员户数、成员人数等信息。点击【组织成员查询】功能，点击

图9-10 产权管理界面

"统计分析"按钮，可查看本辖区农村集体经济组织成员的性别占比、年龄分布等情况。点击【组织成员查询】功能，点击"查询"按钮可查看本辖区农村集体经济组织成员的详细信息。如图 9-11 所示。

图 9-11　组织成员查询界面

**2. 份额（股份）查询**

【份额（股份）查询】功能主要是对农村集体经济组织份额（股份）配置的情况进行统计分析和查询。进入份额（股份）配置的功能界面，可查看本辖区持有农村集体经营性资产收益分配权的人员人数、量化资产总额等信息。点击【份额（股份）查询】功能，点击"统计分析"按钮，可查看本辖区农村集体经济组织份额（股份）情况的结构占比等情况。点击【份额（股份）查询】功能，点击"查询"按钮，可查看本辖区农村集体经济组织份额（股份）情况的详细信息。如图 9-12 所示。

**3. 收益分配查询**

【收益分配查询】功能主要是对农村集体经济组织收益分配情况进行统计分析和查询。进入组织成员的功能界面，可查看本辖区分红的组织数量等信息。点击【收益分配查询】功能，点击"统计分析"按钮，可查看本辖区分红组织占比、平均个人所得、收益分配总额区域排名等情况。点击【收益分配查询】功能，点击"查询"按钮，可查看本辖区农村集体经济组织收益分配的详细信息。如图 9-13 所示。

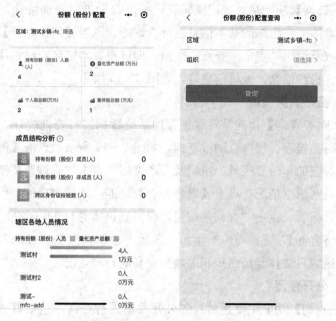

图 9-12　份额（股份）查询界面

图 9-13　收益分配查询界面

### （五）组织查询

【组织查询】功能是对登记赋码管理系统数据进行查询统计，主要是对本辖区农村集体经济组织的基本信息进行查询等。点击【组织查询】功能，选择对应的区域及组织，点击"查询"按钮，即可查看本辖区农村集体经济组织的登记信息、资产信息、人员信息等，如图9-14所示。

### （六）资产财务查询

【资产财务查询】功能是对财务管理系统数据进行查询统计，主要包括资产查询、财务报表、经济合同等查询，如图9-15所示。点击【资产查询】功能，选择对应的年份、区域、组织及资产类型，点击"查询"按钮，即可查询本辖区的资产数据情况；点击【财务报表】功能，选择对应的年份、期间、区域、组织及报表，点击"查询"按钮，即可查询本辖区的财务报表数据情况；点击【经济合同】，选择对应的年份、区域、组织，点击"查询"按钮，即可查询本辖区农村集体经济组织相关经济交易的合同情况。

### （七）公开查询

【公开查询】功能主要是对村务公开数据进行查询，包括财务公开、资产公开、村务公开等查询，如图9-16所示。以【财务公开】功能为例，点击【财务公开】功能，选择对应的年份、期间、区域、农村集体经济组织及报表，点击"查询"按钮，即可查询相关组织的公开数据情况。

图9-14　组织查询界面　　　图9-15　资产财务界面　　　图9-16　公开查询界面